El

EVANGELIO

UN SELLO EDITORIAL DEL CÁNTARO INSTITUTE.

Steven R. Martins

El
EVANGELIO

Serie Fundamentos
Vol. 1

cantaroinstitute.org

El Evangelio, Fundamentos, Vol. I
Publicado por Cántaro Publications, un sello editorial del Cántaro Institute, Jordan Station, Ontario, Canadá.

© 2024 por el Cántaro Institute. Todos los derechos reservados. Excepto por citas breves en publicaciones críticas o reseñas, ninguna parte de este libro puede ser reproducida de ninguna manera sin el consentimiento escrito previo de los editores.

Escrituras tomadas de la Nueva Biblia de las Américas (NBLA), Copyright © 2005 por The Lockman Foundation. Usadas con permiso. www.NuevaBiblia.com

Para precios por volumen, por favor contacte a info@cantaroinstitute.org

Library & Archives Canada
ISBN: 978-1-990771-64-4

Impreso en los Estados Unidos de América.

TABLA DE CONTENIDOS

Uno *Una Narrativa en Desarrollo* 7

Dos *Creación* 11

Tres *Caída* 25

Cuatro *Redención* 57

Cinco *Conclusión* 97

Índice de Escrituras 101

Capítulo Uno

UNA NARRATIVA EN DESARROLLO

¿Qué es el evangelio? La palabra "evangelio" es una traducción del griego *euaggelion* (εὐαγγέλιον), que significa "buenas noticias". ¿Buenas noticias de quién? Buenas noticias de Dios. ¿Y para quiénes son estas noticias "buenas"? Para nosotros, tú y yo. Estas noticias son buenas para toda la creación de Dios.

En el texto griego del Nuevo Testamento, la palabra "evangelio" se utiliza 77 veces. La primera vez que encontramos esta palabra (si no incluimos los títulos de los cuatro evangelios del Nuevo Testamento) es en Mateo 4:23, que dice:

> Y recorrió Jesús toda Galilea, enseñando en las sinagogas de ellos, y predicando el evangelio del reino,

EL EVANGELIO

y sanando toda enfermedad y toda dolencia en el pueblo.

Y aunque está escrito que este evangelio fue predicado primero a los judíos, más adelante se señala que este evangelio sería predicado a los gentiles. Como testificó el apóstol Pedro en Hechos 15:7:

> … Varones hermanos, vosotros sabéis cómo ya hace algún tiempo que Dios escogió que los gentiles oyesen por mi boca la palabra del evangelio y creyesen.

¿Qué es este evangelio? ¿Cómo debemos responder a esa pregunta cuando nos la hacen nuestros compañeros? Aunque el evangelio ciertamente puede comunicarse con simplicidad (*y debería hacerse así*), también es mucho más completo y expansivo de lo que la mayoría de los cristianos hoy en día creen que es. Algunos dicen que el evangelio tiene que ver con el perdón del pecado, otros también incluyen la vida eterna que se nos promete en el Hijo, es decir, Jesucristo, y hay varios otros componentes del "evangelio" que se enfatizan según con quién hables, como la paz restaurada entre el hombre y Dios, la promesa del paraíso, el escape del juicio de Dios, etc. Ninguno de estos elementos puede negarse como parte de las "buenas noticias", de hecho, son inseparables del evangelio, pero a menudo se comunican de manera fragmentada, y no como parte de un *todo sistemático*. El intelectual cristiano Francis Schaeffer tenía razón en su evaluación cuando dijo que "el problema básico [en los últimos años] de los cristianos... es que han visto las cosas en fragmentos en lugar de en totalidades".[1] Tal es el caso con el evangelio, a menudo se comunica de manera fragmentada, y cuando se intenta comunicar en su totalidad, presenciamos otro fracaso que sirve como prueba del estado anémico de la iglesia moderna, la mutilación del evangelio.

Nuevamente preguntamos, ¿Qué es el evangelio? Estas buenas noticias, este evangelio, es articulado por la totalidad de las Escrituras, tanto el Antiguo como el Nuevo Testamento, en la forma de Creación-Caída-Redención. Para que haya "buenas" noticias (Redención), debe haber "malas" noticias que la preceda (Caída), y para que haya "malas" noticias, debe haber algún estado ideal que preceda tanto lo malo como lo bueno (Creación). Cuando

---

1. Francis Schaeffer, *A Christian Manifesto*, (Westchester, IL.: Crossway Books, 1981), 17.

usamos el término "noticias", presuponemos que ha ocurrido algún evento. En otras palabras, podemos comenzar preguntando, ¿Cuál era el estado *original* de las cosas? Luego, ¿Qué sucedió que *alteró* el estado de las cosas? Y por último, ¿Qué se hizo para *remediar* esa alteración? Las respuestas a estas preguntas son lo que se nos comunica en la forma bíblica, o esquema, de Creación-Caída-Redención. Y este libro busca responder esas preguntas en un intento por comunicar el evangelio en su *totalidad*.

Capítulo Dos

CREACIÓN

*"En el principio creó Dios
los cielos y la tierra."*
– Génesis 1:1

¿Cuál era el estado *original* de las cosas? Cuando usamos la expresión "el estado de las cosas", nos referimos "al estado de la creación". En Génesis 1:1 leemos que "En el principio, Dios creó los cielos y la tierra". Cada criatura viviente, cada entidad creada, todo lo visible e invisible, y esto incluye el 95% del cosmos que aún no hemos descubierto y que está más allá de nuestro alcance observacional, fue creado por Dios. Fuera de Dios mismo, que es no creado, no existe nada que no haya sido creado. Como dice Nehemías 9:6:

> Tú solo eres Jehová; tú hiciste los cielos, y los cielos de los cielos, con todo su ejército, la tierra y todo lo que está en ella, los mares y todo lo que hay en ellos; y tú vivificas todas estas cosas, y los ejércitos de los cielos te adoran.

Como Dios revela en las Escrituras, Dios es bueno, y no se encuentra en Él ningún mal ni engaño (e.g., Salmo 34:8; 145:9; Santiago 1:17). Por lo tanto, cuando creó el cosmos, incluyendo lo que estaba al alcance del hombre y lo que no lo estaba, creó todas las cosas "buenas". De hecho, Génesis 1 utiliza la palabra "bueno" siete veces (Gén. 1:4, 10, 12, 18, 21, 25, 26-31), y esta evaluación de la bondad de la creación no provino del juicio humano, sino del Creador mismo. La palabra hebrea utilizada para "bueno" aquí es *tov*, y el término "muy bueno" es *hennah tov*. Aunque tanto *tov* (בוֹט) como *hennah tov* no están explícitamente definidos, sino más bien asumidos, la palabra "bueno", tal como se utiliza en el relato de la creación, hace referencia al sentido cualitativo de la funcionalidad. Dios llamó todo "bueno" porque todo cumplió la función para la cual los diseñó. Y dado que el estándar por el cual medimos la "bondad" es Dios mismo, como el

Soberano Creador, si Él juzga que algo es bueno (o no bueno), entonces así es.

La creación fue "buena" en el momento en que Dios la creó, y antes de la caída de nuestros primeros padres, el histórico Adán y Eva, todo era "bueno". Esto incluía todo lo que era y todo lo que estaba destinado a ser mientras la humanidad se dedicara a cumplir el mandato creacional. Esto significa que todo lo que funcionaba dentro de las esferas de la ley creacional, que se pueden enumerar como las aritméticas, espaciales, cinemáticas, físicas, bióticas, psíquicas, analíticas, históricas, lingüísticas, sociales, económicas, estéticas, jurídicas, éticas y de la fe (o pistis), desde lo *a-normativo* (aquellas leyes que no pueden ser violadas, e.g., leyes de la naturaleza) hasta lo normativo (aquellas leyes que pueden ser violadas, e.g., la moral), todo esto evidenciara la bondad de la creación de Dios.[1]

El Mandato Creacional

¿Cuál era el mandato creacional? El mandato crea-

---

1. Para más información sobre las esferas de la ley creacional, consulta, consulta Steven R. Martins, *Towards a Christian Understanding: The Pursuit of a Christian Philosophy* (Jordan Station, ON.: Cantaro Publications, 2022).

EL EVANGELIO

cional es lo que Dios llamó al hombre a hacer, y esto incluye tanto al hombre como a la mujer. Encontramos esto en Génesis 1:28:

> Y los bendijo Dios, y les dijo: Fructificad y multiplicaos; llenad la tierra, y sojuzgadla, y señoread en los peces del mar, en las aves de los cielos, y en todas las bestias que se mueven sobre la tierra.

Si comprendieras la significancia central y la vigencia perdurable de la palabra "señoread" en este texto, en relación con el propósito y función del hombre, te sorprendería cuántos hoy han descuidado o desestimado esta parte del texto. Pero es precisamente porque este texto se pasa por alto con tanta frecuencia que gran parte de la iglesia tiene una comprensión anémica o truncada del evangelio. ¿Qué significa en realidad "sojuzgad" y "señoread"? Herman Bavinck, teólogo cristiano de finales del siglo XIX y principios del siglo XX, tenía ésto que decir:

> Génesis 1:26 nos enseña que Dios tenía un propósito al crear al hombre a su imagen: a saber, que el hombre *tuviera dominio*... Si ahora comprendemos la fuerza de este sometimiento (dominio) bajo el

término de *cultura*... podemos decir que la *cultura* en su sentido más amplio es el propósito por el cual Dios creó al hombre a su imagen.[2]

Para ponerlo de manera más simple, el mandato creacional del hombre era cultivar la creación de Dios en una civilización piadosa. Y por esta razón, este mandato *creacional* también es referido por los teólogos como el mandato *cultural*, porque lo que el hombre hace, al interactuar con la creación, es crear y cultivar "cultura". Un acre de bosque, por ejemplo, es creación de Dios, pero si el hombre lo transformara en un vecindario, eso sería cultura. O un tomate sería creación de Dios, pero si el hombre convirtiera ese tomate en una salsa para una pizza, eso sería cultura.

La Imagen de Dios

¿Cómo se hace posible la creación y el cultivo de la cultura? ¿Por qué se da el mandato creacional sólo a la humanidad? Por la razón citada por Bavinck: porque solo la humanidad es creada a imagen de

---

2. Herman Bavinck, "The Origin, Essence and Purpose of Man", in *Selected Shorter Works of Herman Bavinck*, ed., John Hendryx (West Linn, OR.: Monergism Books, 2015), loc. 469.

EL EVANGELIO

Dios. Ninguna otra criatura, ninguna otra entidad creada, comparte este privilegio, este honor, de ser creado a imagen del *imago Dei*. Como leemos en Génesis 1:26:

> Entonces dijo Dios: Hagamos al hombre a nuestra imagen, conforme a nuestra semejanza; y señoree en los peces del mar, en las aves de los cielos, en las bestias, en toda la tierra, y en todo animal que se arrastra sobre la tierra.

Ser creado a imagen de Dios implica ser similar a Dios tanto como una criatura (ser creado) puede serlo, *sin violar la distinción entre el Creador y la creación*. En términos de carácter, todo lo que se encuentra como "bueno" en el hombre tiene su origen en el carácter y el ser de Dios. Esto incluye su capacidad para amar, ser amable, ser gentil, ser misericordioso, etc. Podemos pensar en los frutos del Espíritu en Gálatas 5:22-23. En términos de inteligencia, esto incluye la capacidad del hombre para formar y comprender conceptos, reconocer patrones, planificar e innovar, resolver problemas y tomar decisiones, retener información, desarrollar, usar y comprender lenguajes comunicativos y no comunicativos, etc. Si queremos ser más precisos en nuestra comprensión de la singularidad del hombre y su distinción del resto de la creación al ser creado a imagen de Dios, podríamos usar las quince esferas de la ley de la creación, como articuló el filósofo cristiano Herman Dooyeweerd, como referencia. Basándonos en esas quince esferas de la ley (ver Figura 1), lo que diferencia a la raza humana creada de *otras* formas de vida es nuestra capacidad para funcionar dentro de las esferas de ley normativas, desde la analítica, hasta la histórica, la lingüística, la social, la económica, la estética, la jurídica, la ética y la pistical (o fe). Por otro lado, los animales están limitados a las esferas de ley a-normativas, desde la aritmética, hasta la espacial, la cinemática, la física, la biótica y la psíquica. Sin duda, el ser humano opera dentro de estas esferas de ley, pero no está *limitado* a ellas. ¿Y la vida vegetal? La vida vegetal no se incluye en la conversación porque es un tipo diferente de "vida", según lo que describe la Escritura. Tanto la humanidad como las bestias tienen el aliento de vida, el *nefesh* (נפש) en hebreo; sin embargo, la vida vegetal no se identifica como poseedora de *nefesh*.

EL EVANGELIO

El hecho de que la humanidad sea creada a imagen de Dios se da por supuesto, se afirma y se sugiere a lo largo de toda la Escritura. En la ley del Antiguo Testamento, por ejemplo, encontramos la afirmación de la dignidad inherente de la humanidad basada en el hecho de que lleva la imagen de Dios. Y esto también lo encontramos en las enseñanzas del Nuevo Testamento (e.g., el Sermón del Monte). En ningún momento, en toda la Escritura, se descarta ni se deshonra la imagen de Dios en ninguno de sus pasajes normativos (pasajes bíblicos que nos instruyen y/o dirigen en cómo debemos vivir). Y aunque podríamos cuestionar si la imagen de Dios todavía permanece en el hombre dada la decadencia y depravación de nuestra época, *en ninguna parte de la Escritura se afirma que la imagen de Dios haya sido borrada en el hombre.* A la luz de todo lo que Dios ha creado, desde galaxias hasta agujeros negros, protones y electrones, quarks y preones, toda la Escritura no deja lugar a dudas de que, aunque la humanidad pueda parecer insignificante en este vasto tapiz de la creación, la humanidad es, sin embargo, la joya de la corona. Si el hombre fuera la cera y Dios el sello, somos la impresión dejada

CREACIÓN

por el sello en la cera. Y qué privilegio ser la única creación en llevar tal impresión. No es de extrañar que el salmista escribiera:

> Cuando veo Tus cielos, obra de Tus dedos,
>   La luna y las estrellas que Tú has establecido,
> Digo: ¿Qué es el hombre para que te acuerdes de él,
>   Y el hijo del hombre para que lo cuides?
> ¡Sin embargo, lo has hecho un poco menor que los ángeles,
>   Y lo coronas de gloria y majestad!
> Tú le haces señorear sobre las obras de Tus manos;
>   Todo lo has puesto bajo sus pies (Sal. 8:3-6).

La Relación Trifecta del Hombre

Si toda la creación fue declarada como buena según su Creador, según nuestro Dios, entonces eso significa que la relación trifecta del hombre también era buena, o dicho de otra manera, funcionaba como estaba diseñada para funcionar. El hombre tiene una relación trifecta que no puede separarse de su existencia como criatura. Como escribe el filósofo cristiano Danie F.M. Strauss:

> El yo humano no es nada en sí mismo, es decir, no existe por separado de las tres relaciones centrales en

las que Dios colocó a los seres humanos. En primer lugar, los seres humanos están en relación con Dios, luego en relación con sus semejantes y, por último, en relación con la totalidad de la realidad temporal creada.[3]

Para simplificarlo: En primer lugar, el hombre tiene una relación con Dios. El hombre fue creado *por* Dios y *para* Dios, y ser creado a imagen divina significaba que podía tener una relación con Dios que trascendía ampliamente lo que otras criaturas podrían experimentar. No leemos en Génesis 3 que Dios caminara y hablara con los animales,[4] ni lo hizo con las cosas no vivas; todo lo que está por debajo de la humanidad (si consideramos al hombre como la joya de la corona) carece de la capacidad y funcionalidad de tal comunión con el Creador. Sin embargo, se nos dice, de manera bastante explícita

---

3. D.F.M. Strauss, *Being Human in God's World* (Jordan Station, ON.: Paideia Press, 2020), 66-67.

4. Su discurso a la serpiente no debe considerarse una forma de "comunión" o "diálogo", no es comparable a las interacciones de Dios con el hombre, sino que debe considerarse como un pronunciamiento de juicio tanto sobre la criatura utilizada por el adversario como sobre el propio adversario, Satanás.

de diversas maneras, que el hombre tiene una relación con Dios, una relación única en comparación con el resto de la creación. Génesis 3:8 nos informa que Dios caminaba regularmente con Adán y Eva en el jardín; la comunión personal entre Dios y el hombre era la norma. Había paz, *Shalom* (שׁוֹלָם), entre Dios y el hombre.

En segundo lugar, el hombre también tiene una relación con su prójimo. Al principio, los primeros seres humanos creados fueron Adán y Eva. Adán era la cabeza, Eva era la ayudante; ambos desempeñaban roles diferentes, pero ambos eran iguales en su dignidad y valor inherentes, y se esperaba que ambos cumplieran el mandato creacional. Como el primer hombre y mujer, y en la entrega de la mujer al hombre, Dios instituyó el primer matrimonio (Gén. 2:18-25), y de este matrimonio surgiría toda la raza humana. ¿Cómo debía funcionar el hombre en relación con su prójimo? La ley del Antiguo Testamento lo explicaba, pero Jesús lo resumió en forma del segundo mandamiento más grande, que es "Amarás a tu prójimo como a ti mismo" (Mateo 22:39). Y este mandamiento se cumplía siempre que el hombre obedeciera el mandamiento más grande que estaba por encima de este, "Amarás al Señor tu Dios con todo tu corazón, y con toda tu alma, y con toda tu mente" (Mateo 22:37).

En tercer lugar, el hombre tiene una relación con la creación. Había mencionado anteriormente que el mandato creacional del hombre era cultivar la creación de Dios en una civilización piadosa, eso es precisamente como debía lucir la relación del hombre con la creación. ¿Cómo se debía hacer eso? Cumpliendo la triple llamada del hombre, que era servir como (i) profeta, (ii) sacerdote y (iii) rey designado de Dios. Como profeta de Dios, debía interpretar la creación según la revelación de Dios. Como sacerdote de Dios, debía consagrar la creación a Dios a través de cada una de sus interacciones con la creación. Y como rey designado de Dios, debía gobernar y dirigir sujeto al gobierno de Dios. El hombre era el administrador de Dios. Por esta razón, Dios preparó un jardín especial (Edén) en el que el hombre y la mujer podían comenzar sus deberes de administración, y ésto estaba destinado a extenderse a toda la tierra a medida que se multiplicaban y la llenaban (Gén. 1:28; 2:15).[5]

---

5. Consulta *La Fuente: Iberoamerican Journal for Chris-*

Toda la creación fue declarada como buena, y esto significaba que todo funcionaba como estaba diseñado para funcionar.

---

tian Worldview, Vol. 2, No. 1, "The Purpose and Call of Man" (Jordan Station, ON.: Cantaro Publications, 2022).

EL EVANGELIO

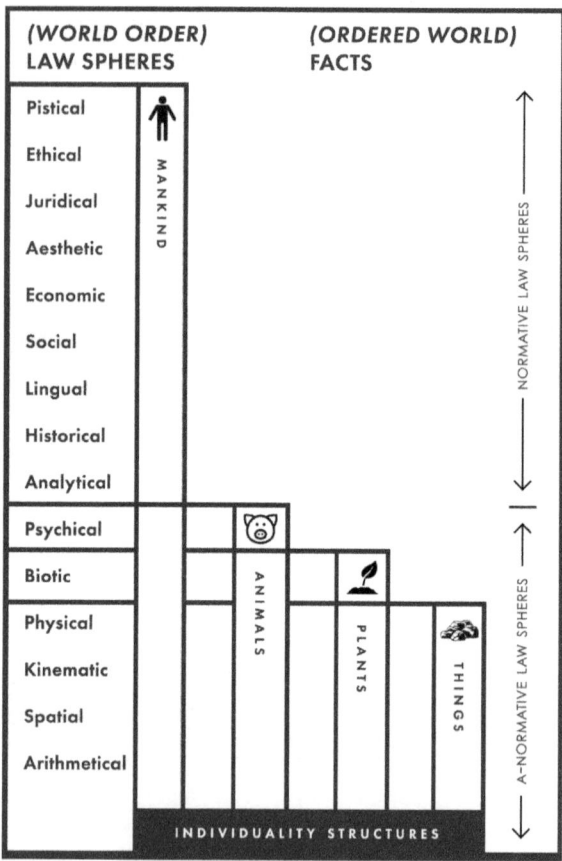

Figura 1: *Las Esferas de Ley Creacional y lo que significa ser humano (figura en inglés).*

Capítulo Tres

CAÍDA

*Y el Señor Dios ordenó al hombre:
«De todo árbol del huerto podrás comer, pero del
árbol del conocimiento del bien y del mal
no comerás, porque el día que de él comas,
ciertamente morirás».*
– Génesis 2:16-17

¿Qué sucedió que *alteró* el estado de las cosas? Evidentemente, el mundo en el que vivimos ahora no coincide con la descripción que leemos en Génesis 1 y 2. Algo sucedió, y lo que fue que pasó, fue cósmicamente significativo. Esto es lo que *alteró* el estado de las cosas:

Cuando Dios colocó a nuestros primeros padres, el histórico Adán y Eva, en el Jardín del Edén,[1]

---
1. Consulta Terry Mortenson, *Searching for Adam: Genesis*

se les dio la libertad de comer cualquier fruto o producto del Jardín. Génesis 2:16 registra a Dios diciendo: "De todo árbol del huerto podrás comer". Pero esa libertad venía con una condición. Esa única condición era que el hombre no debía comer del "árbol del conocimiento del bien y del mal" (v. 17). ¿Qué hacía especial a este árbol? A diferencia del árbol de la vida, que fue colocado en medio del jardín junto al árbol del conocimiento (Gén. 2:9), en realidad no había *nada especial* en este árbol. Por el contrario, era tan natural como cualquiera de los otros árboles en el jardín. El árbol de la vida permitía al hombre "vivir para siempre" (Gén. 3:22), lo que también servía como un símbolo profético del Cristo que sería revelado más adelante en la gran narrativa (Ap. 2:7; 22:2, 14), pero el árbol del conocimiento no tenía propiedades especiales (o sobrenaturales) en sí mismo. Hay una razón por la que es así y por qué no puede ser de otra manera. Este árbol tenía que ser tan natural como todos los demás árboles para que, al obedecer a Dios en relación con este árbol, el hombre pudiera aprender

---

& the Truth about Man's Origin (Green Forest, AR.: Masterbooks, 2016).

a obedecer a Dios en relación con todos los demás aspectos de la creación. Se podría decir que la obediencia del hombre a los mandamientos de Dios estaría determinada por su obediencia en relación con este único árbol natural. Si podía obedecer a Dios en esta tarea sencilla, que era no comer del árbol, entonces el hombre podría obedecer a Dios en todas sus interacciones con la creación. ¿Significa esto entonces que solo había un mandamiento que el hombre debía obedecer? En cierto sentido, sí, y en otro sentido, no. Sí, en el sentido de que era un mandamiento comunicado verbal, clara y explícitamente por Dios, y no leemos de ningún otro mandamiento *verbal* en los capítulos 1, 2 y 3 de Génesis. Sin embargo, la respuesta también es No, porque al crear al hombre a su imagen, Dios había colocado su ley en el corazón del hombre. Y vemos esta ley posteriormente revelada en el resto del Pentateuco (Génesis a Deuteronomio), y más adelante se explica en el resto del Antiguo Testamento a través de los profetas, y en el Nuevo Testamento a través de las enseñanzas de Jesús y los apóstoles. El difunto teólogo cristiano Cornelius Van Til explica este último punto de la ley de Dios que reside en el corazón del hombre:

> Como criatura de Dios, el hombre debía vivir de acuerdo con la ley de Dios, es decir, de acuerdo con las ordenanzas que Dios había colocado en su creación. Esta ley en su mayor parte no se transmitió verbalmente al hombre, sino que se creó en su ser. El hombre actuaría de acuerdo con su propia naturaleza verdadera solo si obedeciera la ley de Dios y, viceversa, si viviera de acuerdo con su propia naturaleza, obedecería la ley de Dios.[2]

¿Qué sucedería si nuestros primeros padres comieran del árbol prohibido? Si tan solo hubiera quedado en un "Qué sucedería si…". El hecho es que ellos si comieron del árbol prohibido. Esto es lo que conocemos como la caída (Gén. 3). Cuando Adán y Eva sucumbieron a la tentación presentada por la serpiente poseída (Gén. 3:4), provocaron "la caída" de la humanidad y la creación.

El Significado de la Desobediencia

Antes de abordar "la caída" en su totalidad, primero debemos entender lo que significó este acto de des-

---

2. Cornelius Van Til, *Christian Apologetics*, Second edition, ed. William Edgar (Phillipsburg, NJ.: P&R Publishing, 2003), 42 (emphasis mine).

CAÍDA

obediencia: Cuando Adán y Eva comieron del árbol prohibido, lo hicieron en busca de una independencia completa y total de Dios. En otras palabras, buscaron ser como Dios de una manera impropia para una criatura, ser como Dios de una manera que difuminaba la distinción entre el Creador y la creación. No fue suficiente ser creados a imagen de Dios, deseaban ser *iguales* a Dios, ser *dioses*. Como escribe Van Til: "Cuando el hombre cayó, fue un intento de *prescindir de Dios* en todos los aspectos". ¿Cómo? Sustituyendo al Creador con la creación, "[e]l hombre buscó sus ideales de verdad, bondad y belleza en alguna parte más allá de Dios, ya sea directamente dentro de sí mismo o indirectamente dentro del universo que le rodeaba".[3] Antes de este acto de desobediencia, el hombre sabía lo que era "bueno" porque su fuente de conocimiento era Dios, y debido a que fue creado a imagen de Dios, sabía lo que era la bondad. Su conocimiento, al igual que su ser, es derivado de Dios. Por lo tanto, el hombre no conocía el mal. Pero al comer del árbol prohibido, adquirió el conocimiento del mal *al cometer el mal*. Y Adán y Eva se darían cuenta de

---

3. Ibid., 42 (emphasis mine).

que el árbol del conocimiento no les otorgó ningún poder especial, era un árbol como todos los demás, y en lugar de ganar algo, perdieron algo de gran valor, su inocencia. Así se expuso la mentira de la serpiente. No fueron hechos iguales a Dios, pero en su búsqueda de tal independencia, desobedecieron a Dios. Cometieron "pecado" en sus corazones al comer del árbol prohibido. ¿Qué es el pecado? La palabra hebrea para pecado es *hhatah* (האטח), que traducida literalmente significa "errar el blanco". A lo largo de las Escrituras, la palabra "pecado" se describe como la transgresión (o violación) de la ley de Dios y la rebelión contra Dios mismo. En cuanto a la transgresión de la ley, 1 Juan 3:4 establece generalmente que:

> Todo el que practica el pecado, practica también la infracción de la ley, pues el pecado es infracción de la ley.

Y en cuanto a la rebelión contra Dios, Deuteronomio 9:7 dice en referencia a los hebreos:

> »Acuérdate; no olvides cómo provocaste a ira al Señor tu Dios en el desierto; desde el día en que saliste

de la tierra de Egipto hasta que ustedes llegaron a este lugar, han sido rebeldes contra el Señor.

Quizás el pasaje más ilustrativo de las Escrituras es el Salmo 51, escrito por el rey David, el segundo rey de Israel (1 Sam. 16:1-13) y acreditado como un hombre según el corazón de Dios (Hechos 13:22). Este Salmo ilustra el significado del pecado en su expresión sincera y poética, escrito después de su grave pecado contra Dios a través de su adulterio con Betsabé y el asesinato de su esposo Urías (2 Sam. 11-12). En el Salmo 51:5 escribe "en pecado me concibió mi madre", lo que significaba que desde el momento en que fue concebido, era pecador, el efecto de la caída. Toda su persona requería una "purificación", estaba fundamentalmente contaminada y necesitaba ser limpiada. Dicho de otra manera, David estaba diciendo que su ser estaba roto, impuro, necio, débil, falso, culpable y que cualquier cosa que su persona hiciera mal contra otro finalmente se hacía contra Dios. Como explica su Salmo: (i) el pecado es juzgado por Dios (Sal. 51:4), (ii) nos aleja de la presencia de Dios (v. 11) y (iii) silencia todo lo que alaba (v. 15). Toda la Escritura testifica de esta verdad, pues revela a un Dios que es justo, santo y recto.

Antes de la caída, no había presencia de pecado en la creación de Dios. Todo fue creado "bueno". El hombre tenía paz con Dios, con su prójimo (en el caso de Adán, con su esposa Eva) y con la creación. Había una comunión ininterrumpida entre Dios, el hombre y la mujer. Pero todo cambió cuando el pecado entró en el mundo. Y para alguien que solo conocía lo que era bueno, puedes imaginar el efecto que el pecado tuvo en el corazón del hombre. Es como el veneno de una mordedura mortal de serpiente; una vez que te muerde, comienza a corromper y comprometer todo, así es el pecado para la naturaleza y el ser del hombre. Y no solo el hombre se ve afectado, sino también todas sus relaciones, así como todo lo que se colocó bajo él, todo sobre lo que debía sojuzgar y ejercer dominio. El teólogo de finales del siglo XIX y mediados del siglo XX, Geerhardus Vos, explica los efectos del pecado en la naturaleza y el ser del hombre:

> Al alejarse de algo a lo que estaba completamente dispuesto, lo que constituye su destino propio y más elevado, el hombre cambió en las profundidades más profundas de su ser; [1] se produciría una

inversión radical dentro de él... Entonces, si la justicia original desaparece, [2] la injusticia la reemplaza como estado natural.[4]

Los efectos del pecado en la relación tríplice del hombre

Esta "inversión radical" inevitablemente significó la alienación y separación del hombre de Dios; el hombre ya no podía disfrutar de la comunión ininterrumpida que una vez tuvo con Dios. Lo que era sagrado se volvió profano, y lo que es profano no puede tener comunión con lo que es sagrado, ya que ofende a lo sagrado al ser antitético a ello. Como escribió el profeta Isaías:

> pero vuestras iniquidades han hecho división
>   entre vosotros y vuestro Dios,
> y vuestros pecados han hecho ocultar de vosotros
> su rostro
>   para no oír (Isa. 59:2).

Adán y Eva una vez caminaron en el Jardín con Dios, pero ahora tal experiencia se volvió ajena a la

---

4. Geerhardus Vos, *Reformed Dogmatics*, Vol. 2: Anthropology, trans. y ed. Richard B. Gaffin, Jr. (Bellingham, WA.: Lexham Press, 2014), 14.

humanidad porque su pecado ya no lo hacía posible. Donde una vez el hombre estaba *voluntariamente sujeto* a Dios, en su pecado, la humanidad se volvió *hostil* hacia Dios (Rom. 8:7). Donde antes había *paz* entre Dios y el hombre, ahora el hombre libra *guerra* contra el Rey de toda la creación. ¿Cómo podemos entender esto? Al entender la naturaleza del pecado. El primer pecado, el pecado *original*, se convertiría en la raíz de todos los pecados. ¿Y cuál fue ese pecado? Fue ser radicalmente *autónomo*, independiente de Dios, ser una "ley" (Gr. *nomos*) para "uno mismo" (Gr. *autos*). Y tal rebelión ha sido descrita como una "traición cósmica". Fue el difunto teólogo R.C. Sproul quien dijo:

> Cada pecado, por más insignificante que parezca, es un acto de rebelión contra el Dios soberano que reina y gobierna sobre nosotros, y como tal, es un acto de traición contra el Rey cósmico.[5]

Si alguien violara la ley hoy en día, una violación que caería bajo el código penal, por ejemplo, ¿cómo nos referiríamos a esa persona? Como un

---

5. R.C. Sproul, "Cosmic Treason", *Ligonier*. Consultado 10 de Noviembre, 2022, https://www.ligonier.org/learn/articles/cosmic-treason/.

criminal. Si un asesino condenado estuviera caminando libremente por las calles, la sociedad estaría en un tumulto. ¿Por qué? En primer lugar, porque la justicia exige que su crimen sea reprendido. Y en segundo lugar, porque representa un peligro para el público en general. De la misma manera, nuestros actos de rebelión contra la ley de Dios deben ser vistos por lo que son, no como simples infracciones menores, sino como delitos graves que merecen castigo. Nosotros, que amenazamos con hacer violencia a la santidad, la gloria y la justicia de Dios, estamos condenados en tres aspectos: en primer lugar, debido a nuestra naturaleza pecaminosa heredada (que puede entenderse como muerte espiritual y depravación) (Salmo 51:5), en segundo lugar, debido a nuestro pecado imputado (es decir, se nos ha atribuido el pecado de nuestros primeros padres) (Romanos 5:13), y en tercer lugar, debido a nuestros pecados personales diarios.

Permítame abordar el primero: Si estamos espiritualmente muertos, entonces no podemos tener comunión con el Dios de la vida, ni podemos hacer nada espiritualmente bueno, porque ¿cómo puede hacer algo un cadáver? En cambio, nuestra deprava-

EL EVANGELIO

ción garantiza nuestra separación de Dios.

En cuanto al segundo punto: Debido a que la ley de Dios ha sido revelada en las Escrituras, somos responsables de los pecados de nuestros antepasados, principalmente el de Adán. Consideremos lo que Dios dice en Éxodo 34:7b, que Él:

> ...no tendrá por inocente al culpable; que castiga la iniquidad de los padres sobre los hijos y sobre los hijos de los hijos hasta la tercera y cuarta generación.

Quienes estén familiarizados con la historia de juicios del Antiguo Israel sabrán que esto es un hecho.

Considera también lo que Pablo tiene que decir acerca de la relación de Adán con nuestra cuenta del pecado:

> Por tanto, tal como el pecado entró en el mundo por medio de un hombre [Adán], y por medio del pecado la muerte, así también la muerte se extendió a todos los hombres, porque todos pecaron (Rom. 5:12).

En cuanto al tercer punto: No podemos negar que *personalmente* cometemos nuestras propias transgresiones contra la ley de Dios, y por eso también somos responsables.

Si tan solo eso fuera todo lo que tuviéramos que decir, pero la relación del hombre con Dios no es la única que se ve afectada. La violencia que resulta del pecado del hombre se extiende también a sus otras dos relaciones, la que tiene con sus semejantes y la que tiene con la creación.

En cuanto a su relación con sus semejantes, leemos en Génesis 3:12 que el hombre se volvió contra su esposa, y que esto no fue más que un vistazo de un conflicto que continuaría entre ellos a lo largo de la historia. Este conflicto entre marido y esposa se menciona en Génesis 3:16b, que dice: "tu deseo será para tu marido, y él se enseñoreará de ti". Pero también vemos este conflicto mencionado anteriormente entre sus descendientes en general (3:15a): "pondré enemistad entre ti [el adversario] y la mujer, y entre tu simiente y la simiente suya". En el caso del matrimonio, Dios dice que la mujer desearía suplantar el orden creacional de Dios al desear el liderazgo, pero que en cambio el hombre gobernaría sobre ella (3:16). El comentarista hebreo Franz Delitzsch nos proporciona una visión de lo que fue el estado original de las cosas y lo que el pecado trajo consigo:

> Creada para el hombre, la mujer fue hecha subordinada a él desde el principio; pero la supremacía del hombre no estaba destinada a convertirse en un gobierno despótico que aplastara a la mujer como esclava... la revelación original, la de un gobierno por un lado, y la subordinación por el otro [debían] tener sus raíces en el mutuo respeto y amor.[6]

El esposo y la esposa debían vivir juntos en perfecta armonía; sin embargo, el pecado rompió esa armonía.

La instancia más general, sin embargo, se evidenciaría aún más para nuestros primeros padres en el asesinato de su hijo Abel por su hermano Caín (Gén. 4:8). Este es el primer evento registrado de derramamiento de sangre humano, y no sería el último. Delitzsch tiene esto que decir en relación con el acto de asesinato de Caín y el conflicto que Dios había dicho que se manifestaría en Gén. 3:15a:

---

6. Carl Friedrich Keil y Franz Delitzsch, *Commentary on the Old Testament*, Vol. 1 (Peabody, MA.: Hendrickson, 1996), 64-65.

En [Cain], la simiente de la mujer ya se había convertido en la simiente de la serpiente; y en su acción, la verdadera naturaleza del malvado, como "un asesino desde el principio", se había manifestado abiertamente: de manera que ya había surgido ese contraste de dos simientes distintas dentro de la raza humana, que se extiende a lo largo de toda la historia de la humanidad.[7]

Esta mención de dos simientes contrastantes se expandirá en el próximo capítulo; por ahora, es suficiente decir que el pecado ha afectado profundamente la relación del hombre con sus semejantes.

¿Y qué pasa con la tercera relación, la que tiene con la creación? Antes de la caída, la relación del hombre con la creación, como su cultivador y desarrollador, se expresaba en forma de trabajo gozoso. Ya sea al cuidar del Jardín (Gén. 2:15), poner nombre a los animales (Gén. 2:18-20), cultivar la creación hacia una civilización piadosa (Gén. 1:28) u otras posibilidades que surgieran como resultado del avance y florecimiento humano, el trabajo era una alegría relativa y se realizaba para la gloria de Dios. Las representaciones populares del paraíso

---

7. Ibid., 71.

anterior a la caída como libre de trabajo se demuestran ser falsas según las Escrituras y niegan el propósito creado del hombre. El ser humano fue creado para trabajar, y el trabajo debía ser una forma de adoración a Dios. En su contexto pre-caída, el trabajo era satisfactorio.

En cuanto a comprender la naturaleza del trabajo como adoración, el trabajo era y sigue siendo muy religioso. Esto se debe a que todo lo que hace el hombre tiene una orientación religiosa *direccional*: o se realiza verticalmente en adoración a Dios (verdadera adoración), o horizontalmente en adoración a la creación (idolatría). Lo primero es verdadera adoración, mientras que lo segundo es *apostasía*. ¿Pero qué es la apostasía? Apostasía, derivada de la palabra griega *apostasia* (ἀποστασία), puede definirse como *apartarse* de la verdad, en oposición a permanecer *en* la verdad. Es apartarse de la verdad, una *muerte espiritual* que resulta de buscar el ser y el origen dentro del orden temporal creado en lugar del Creador. Es principalmente por eso que hay innumerables perspectivas religiosas en nuestros días, pero profundizaremos más en ese asunto más adelante. Dada esta dinámica religiosa del trabajo, que sigue naturalmente de la naturaleza religiosa del hombre, fue el filósofo cristiano estadounidense H. Evan Runner quien dijo: "La vida es religión" o, dicho de otra manera, "La vida es *adoración*". No puede haber nada verdaderamente irreligioso en la vida del hombre.

Si, por lo tanto, el trabajo es religioso, tiene sentido lógico que el trabajo se vuelva *apostático* como resultado de la caída del hombre en el pecado, y que el trabajo se vuelva apostático solo puede conllevar las consecuencias de la apostasía del hombre. En Génesis 3:17-19, Dios dejó claro a Adán que el trabajo que alguna vez disfrutó y que le brindó facilidad y satisfacción ahora caería bajo la maldición del pecado. Esto fue el juicio de Dios:

> … «Por cuanto has escuchado la voz de tu mujer y has comido del árbol del cual te ordené, diciendo: "No comerás de él",
>
> Maldita será la tierra por tu causa;
> Con trabajo comerás de ella
> Todos los días de tu vida.
> Espinos y cardos te producirá,
> Y comerás de las plantas del campo.

Con el sudor de tu rostro
Comerás *el* pan
Hasta que vuelvas a la tierra,
Porque de ella fuiste tomado;
Pues polvo eres,
Y al polvo volverás».

El trabajo, en otras palabras, se convertiría en *afán*. El afán, según la definición del diccionario Merriam Webster, es un "trabajo largo, agotador y fatigante". ¿Cómo podríamos entender el afán? Veámoslo desde otra perspectiva: *cultivar alimentos* se volvería difícil. *Encontrar alimentos* se volvería difícil. El *trabajo* se volvería difícil. El *matrimonio* se volvería difícil. *Procrear* se volvería difícil. *Mantenerse saludable* se volvería difícil. Puedes ponerle nombre: la *vida* se volvería difícil. Y la *muerte*, que ingresó al mundo justo después del pecado, resultaría ser insoportablemente difícil. Podemos testificar de esta realidad porque actualmente vivimos bajo la maldición del pecado, y por lo tanto, nada de esto nos sorprende, todo se corresponde con lo que conocemos y experimentamos. Y es en esta realidad caída que sabemos, en lo más profundo de nuestros corazones, que las cosas no son como deberían ser.

Nuestro trabajo, nuestras vidas, no son tan satisfactorios como deberían ser, no tan significativos como deberían ser. Hay una apatía que nos ha atrapado, y no podemos parecer despertar de ella. Un letargo que nos ha invadido. Esta apatía, este letargo, es la sensación de falta de sentido, como si hubiéramos perdido nuestra verdadera dirección, nuestro verdadero propósito, nuestro verdadero ser. Trabajamos día tras día, hacemos nuestra parte hasta que mordemos el polvo, y luego alguien más vendrá y lo retomará. Aquellos que han acumulado riquezas verán que éstas sobreviven a ellos, y aquellos que no han trabajado heredarán riquezas que no fueron el resultado de sus propios esfuerzos. Grandes logros darán paso a logros aún mayores, y nuestros esfuerzos por ser recordados serán en vano, ya que nos olvidarán con el tiempo. Imperios de polvo, erigidos a lo largo de nuestras vidas, serán simplemente eso, montones de polvo, y todo se desmoronará hasta la nada. El músico Johnny Cash tenía algo que decir al respecto en su canción "Hurt":

...Bajo las manchas del tiempo
Los sentimientos desaparecen
Eres alguien más

EL EVANGELIO

Yo todavía estoy aquí

¿Qué he llegado a ser?
Mi más querido amigo
Todos los que conozco se van
Al final

Y podrías tenerlo todo
Mi imperio de tierra...

El trabajo, como puedes empezar a ver, es más que simplemente un trabajo de 9 a 5 de lunes a viernes. Es la historia de nuestras vidas, es nuestro vivir, respirar y pensar, y todo ha llegado a estar sometido a la futilidad. Citando al Predicador en el libro de sabiduría de Eclesiastés:

«Vanidad de vanidades», dice el Predicador,
«Vanidad de vanidades, todo es vanidad».

¿Qué provecho recibe el hombre de todo el trabajo
Con que se afana bajo el sol?
Una generación va y otra generación viene,
Pero la tierra permanece para siempre.
El sol sale y el sol se pone,
A su lugar se apresura. De allí vuelve a salir.
Soplando hacia el sur,
Y girando hacia el norte,

CAÍDA

> Girando y girando va el viento;
> Y sobre sus giros el viento regresa.
> Todos los ríos van hacia el mar,
> Pero el mar no se llena.
> Al lugar donde los ríos fluyen,
> Allí vuelven a fluir.
> Todas las cosas son fatigosas,
> El hombre no puede expresarlas.
> No se sacia el ojo de ver,
> Ni se cansa el oído de oír.
> Lo que fue, eso será,
> Y lo que se hizo, eso se hará;
> No hay nada nuevo bajo el sol.
> ¿Hay algo de que se pueda decir:
> «Mira, esto es nuevo»?
> Ya existía en los siglos
> Que nos precedieron.
> No hay memoria de las cosas primeras
> Ni tampoco de las postreras que sucederán;
> No habrá memoria de ellas
> Entre los que vendrán después. (Ecc. 1:2-11).

Qué estado tan doloroso de las cosas. Cómo el pecado ha alterado tan radicalmente el estado de las cosas. Y sin lugar a dudas, este asunto de vanidad (Eclesiastés 1:2) no está excluido de los efectos del pecado en el triple llamado del hombre.

Los Efectos del Pecado en el Triple Llamado del Hombre

Como resultado de la caída de la humanidad, el mandato creacional (cultural) se vio comprometido. Al haber violado la paz que tenía (i) con Dios, (ii) con sus semejantes y (iii) con la creación, los intentos del hombre de cultivar una civilización piadosa en su propia fuerza resultarían ser un esfuerzo vano. Cada intento se vería obstaculizado por el poder e influencia del pecado, y no es de extrañar que, aunque se intentara a través de la línea de Set (Génesis 4:6), se deshiciera cuando se mezcló con la línea de Caín (Génesis 6:1-5). Más sobre estas "dos simientes" en el próximo capítulo. Con el inicio del pecado, el hombre ya no demostraría uniformidad (en acuerdo) con los aspectos a-normativos (las leyes violables, en contraste con aquellas leyes *normativas* que no pueden ser violadas). Ya no se encontraría en perfecto cumplimiento con esas esferas legales creacionales. ¿Significa esto que el llamado triple del hombre como profeta, sacerdote y rey fue abolido? Abolir tal llamado sería abolir al hombre por completo; el llamado y el ser creado del hombre son inseparables. En cambio, lo que ocurrió fue que el hombre dejó de ser el profeta, sacerdote y rey *de Dios*, y se convirtió en su propio profeta, sacerdote y rey. En otras palabras, el hombre se convirtió en *la medida de todas las cosas*. Al menos, eso es lo que el hombre natural (o el apóstata, Cf. 1 Corintios 2:14) se retrata a sí mismo.

En cuanto al hombre como su propio profeta, en lugar de interpretar la creación según la revelación de Dios o con Dios como el punto de referencia último, el hombre ha intentado redefinir la realidad mediante su propia reinterpretación. La redefinición actual del matrimonio, la sexualidad, el género, la vida, la persona humana, la justicia, etc., son todos productos del hombre que opera como su propio profeta. Y cuanto más avanza esto (o *retrocede* desde el estado original de las cosas), más cerca llega la sociedad de su inevitable implosión cultural. ¿Por qué es eso? Porque cuanto más nos alejamos de los absolutos y nos dirigimos hacia el relativismo, y cuanto más nos alejamos de la verdad de Dios y nos dirigimos hacia las fantasías caídas del hombre, más nos hundimos en la futilidad nihilista (sin sentido).

EL EVANGELIO

Y dentro de ese nihilismo, todo pierde su significado. Aunque esto es ciertamente alarmante, *no* es un desarrollo novedoso (Eclesiastés 1:9); el hombre ha actuado como su propio profeta desde la caída. Esto explica las numerosas cosmovisiones religiosas que han surgido y desaparecido a lo largo de la historia humana y la gran cantidad de cosmovisiones religiosas que existen hoy. Contrario a las teorías de intelectuales apóstatas, la religión no evolucionó a partir de alguna forma primitiva básica (es decir, mana, animismo, etc.), comenzó como la adoración del único Dios verdadero, conocido como *monoteísmo original*. Y desde ese punto de origen, hubo un alejamiento (apostasía) que resultó en desviaciones diversas.[8] Desviaciones que no son más que imitaciones de la verdad. Como escribe el apóstol Pablo en su carta a la iglesia en Roma, la humanidad en

---

8. Estudios realizados por Wilhelm Schmidt y Winfried Corduan demuestran respectivamente cómo la historia y sus artefactos se alinean con la narrativa bíblica. Consulta la obra de Schmidt, *The Origin and Growth of Religions: Facts and Theories*, traducida por H.J. Rose (Wythe-North Publishing, 2014); y la obra de Corduan, *In the Beginning God: A Fresh Look at the Case for Original Monotheism* (Nashville, TN: B&H Academic, 2013).

su disposición caída cambió la adoración a Dios por la creación:

> Pues aunque conocían a Dios, no lo honraron como a Dios ni le dieron gracias, sino que se hicieron vanos en sus razonamientos y su necio corazón fue entenebrecido. Profesando ser sabios, se volvieron necios, y cambiaron la gloria del Dios incorruptible por una imagen en forma de hombre corruptible, de aves, de cuadrúpedos y de reptiles (Rom. 1:21-23).

El hombre actuando como su propio profeta ha causado más daño que bien. Y no importa cuánto lo intente, esto nunca cambiará.

En cuanto al hombre como su propio sacerdote, en lugar de consagrar toda la creación, y todo lo que el hombre desarrolla a partir de ella, a Dios, lo dedica todo a sí mismo. No es ningún secreto que vivimos en un mundo centrado en el yo. Si hubiera un *"ismo"* que pudiéramos usar para describir la realidad religiosa y cultural del mundo, sería el *egoísmo*. El hombre es el centro de todas las cosas; él es la medida de todas las cosas. El amor propio ha triunfado sobre el amor a Dios y al prójimo. Este es el resultado del pecado del hombre, es la naturaleza misma del pecado. Que el hombre sea el centro de todas las cosas significa que se ha convertido en su propio dios, la intención original y pecaminosa de nuestros primeros padres cuando comieron del árbol prohibido. Y esto es cierto para todos los que se han alejado, sin importar la cosmovisión religiosa que profesen. Ya sea el ateo que cree en un universo sin dios, el musulmán que cree en Alá, el hindú que cree en Krishna y el resto del panteón hindú, sin importar el nombre o los dioses (o la falta de ellos), el hombre es el nuevo dios porque ha reemplazado al verdadero Dios con él mismo como el juez y determinante último de la realidad. Para decirlo de manera más simple, se ha convertido en la autoridad suprema, sujeto a nadie. Esto se ha expresado de diversas formas, ya sea individualmente o colectivamente, como en la forma del Estado. No es que haya algo malo en la institución del Estado en sí misma, solo que cuando el Estado no se somete a Dios, se convierte en su reemplazo, el ídolo del hombre colectivizado. Por supuesto, este egoísmo produce un conflicto perpetuo e interminable entre el hombre, e incluso el intento del hombre de resolver esto mediante el altruismo resulta ser en vano, ya que está enraizado en última instancia en el egoísmo (por ejemplo, hacer el bien a otro para sentirse bien uno mismo). Inevitablemente nos vemos obligados a preguntar, ¿quién es más importante? ¿A quién se le da prioridad sobre quién? ¿Cuál vida tiene más valor? ¿Cuáles derechos deben ser respetados por encima de los demás? El egoísmo, la adoración del yo, no ha traído unidad, ha traído división, fragmentación y animosidad continua.

En cuanto al hombre como su propio rey, en lugar de gobernar la creación sujeto al gobierno y la ley de Dios, el hombre ha rechazado la realeza de Dios a favor de su propia realeza. En su autonomía radical, se ha convertido en su propia ley y se ha liberado de todas las restricciones morales. No es Dios quien establece lo que es bueno y malo, es el hombre quien decide esto arbitrariamente, y como atestigua la historia, la distinción entre lo que es bueno y malo ha cambiado innumerables veces sin ningún principio rector. Un estudiante de posgrado una vez me dijo, por ejemplo, que la ley moral de la sociedad se determina por quién gana las guerras mundiales. Si la Alemania nazi hubiera ganado la Segunda Guerra Mundial, entonces, según su lógica, nuestra moralidad se habría conformado según la ideología nazi. Cuando le pregunté si pensaba que eso estaría mal, dijo que la única razón por la que podría decir que esa moralidad estaría mal es porque la Alemania nazi perdió la guerra. Y por esa razón la condena. Pero si hubieran ganado, no tendría motivo para condenar tal moralidad. Esta "moralidad", cabe destacar, justificó el Holocausto (1941-1945), el genocidio de los judíos europeos, entre otras atrocidades. El pensamiento expresado por este estudiante debería ser repulsivo y, sin embargo, es el resultado inevitable de que el hombre sea su propio rey. El hombre, o el hombre colectivizado (el Estado), con más poder determina el orden moral social. ¡Ay del hombre que es más débil que el resto!

A lo largo de la historia humana, lo que hemos visto, y lo que continuaremos viendo mientras el hombre permanezca en su apostasía, es su total depravación, desorganización y descomposición. Y eso nos lleva al estado general de la creación.

El Estado de la Creación

Antes de la caída del hombre, todo fue declarado "bueno" por Dios. ¿Qué sucedió que alteró el estado de las cosas? La humanidad pecó contra Dios. Y debido a que la creación fue hecha sujeta al hombre, cuando la maldición del pecado fue puesta sobre el hombre, también fue puesta sobre la creación (Rom. 8:20). Es por esta razón que vemos en nuestro mundo: enfermedad, sufrimiento y muerte. Estas no estaban presentes originalmente en la creación, son consecuencias de la caída. El hombre, por ejemplo, estaba destinado a vivir para siempre. Eclesiastés 3:11 dice "[Dios] ha puesto la eternidad en el corazón del hombre..." Por eso sentimos tan fuertemente la muerte, es ajena a la creación. La muerte es como un enemigo invasor con una tasa de mortalidad de 10 de 10. Nada en nuestro mundo caído escapa a la tiranía de la muerte. Cada criatura viva está sujeta a ella. Y esto seguirá siendo así mientras haya pecado en el mundo.

Frente a este gran enemigo de la muerte, existe una resistencia y una impotencia. Primero, la resistencia radica en nuestra renuencia a aceptar nuestra propia mortalidad, aunque para el hombre natural a menudo es su renuencia a aceptar su condena. Después de todo, la muerte es parte del juicio de Dios y es un recordatorio del juicio final que nos espera (Mat. 25:31-46; Hech. 2:27; 2 Ped. 3:3-7). Cómo se manifiesta esta resistencia es variado. En México, por ejemplo, existe un esfuerzo cultural por ser recordado más allá de esta vida terrenal, porque se dice que mientras vivas en la memoria de la gente, *nunca mueres realmente*. Esto podría recordarte a la película de Disney *Coco*, inspirada de la cultura mexicana y sus creencias paganas. Y aquellos que quedan en la tierra de los vivos se aseguran de recordar a los muertos, erigiendo altares donde pueden ofrecer alimentos y bebidas. La película biográfica de Vicente Fernández en Netflix, *El Rey*, ilustra esta práctica religioso-cultural. Mientras tanto, en Occidente, se están realizando esfuerzos para ayudar al hombre a descubrir medios para trascender su propia mortalidad. Una de las formas en que esto ha tomado forma es con el movimiento transhumanista, definido como "la creencia o teoría de que la raza humana puede evolucionar más allá de sus limitaciones físicas y mentales actuales, especialmente mediante la ciencia y la tecnología".[9] Lo que el hombre desea en el fondo es regresar al estado original de las cosas, *pero en sus propios términos*.

¿Inmortalidad? Esa búsqueda desde la caída no es más que vanidad. Y aunque la intención rebelde del pecado siempre está presente, y no debemos perder de vista ese hecho, no se puede negar que también hay una profunda tristeza, una desesperanza, una impotencia, que es el segundo punto, porque no importa lo que el hombre intente, no puede fabricar tal regreso, no puede resolver el problema de su propia mortalidad. Películas de ciencia ficción como *Transcendence* protagonizada por Johnny Depp, o *Lucy* protagonizada por Scarlett Johansson, siguen siendo lo que son, *ficción y pensamientos ilusorios* en el mejor de los casos. Sin embargo, identifican y comunican una tristeza en el corazón humano. ¿Cuál es la causa de esta tristeza? La respuesta se encuentra en ese anhelo que yace en nuestro corazón de corazones (sí, incluso después del envenenamiento del pecado) por renovación.

---

9. Consulta David Herbert, *Becoming God: Transhumanism and the Quest for Cybernetic Immortality* (Peterborough, ON.: Joshua Press, 2014).

EL EVANGELIO

Por una restauración del estado de las cosas. Eso, al menos, no nos fue robado por nuestro pecado. Miramos al mundo, miramos a la humanidad, miramos el estado de las cosas, y vemos su quebranto, su torcedura, su caída. La creación parece necesitar redención. NOSOTROS parecemos necesitar redención. Pero esa redención no puede ser obra de las manos de los hombres. Necesitamos desesperadamente buenas noticias.

Capítulo Cuatro

REDENCIÓN

"Porque si cuando éramos enemigos fuimos reconciliados con Dios por la muerte de Su Hijo, mucho más, habiendo sido reconciliados, seremos salvos por Su vida."
– Romanos 5:10

¿QUÉ SE HIZO PARA remediar la alteración? En primer lugar, dado que fue el hombre quien provocó la caída de la «buena» creación de Dios, Dios no tenía ninguna obligación de remediar lo que el hombre había alterado. Si Dios así lo decidiera, podría habernos dejado a nuestra suerte, lo que habría resultado en nuestra propia destrucción y eventual extinción. O bien, Dios podría habernos exterminado en un abrir y cerrar de ojos; después de todo, tenía todo el derecho de hacerlo. Y sin embargo, ninguno de esos dos escenarios se desarrolló a lo largo de la historia. La Biblia, en cambio, relata una historia muy *diferente*, una que aún se está desarrollando hoy.

Cuando el hombre fue confrontado por Dios por su primer y más fundamental pecado, lo que los teólogos han llamado "pecado original" (Génesis 3; Salmos 51:5; Romanos 5:12-21), Dios prometió al hombre que Él proveería, por medio de la descendencia de la mujer, un Redentor que aplastaría la cabeza de la serpiente, la cual nuestros primeros padres entendieron que era Satanás, y también todo lo que él representaba y todo lo que había causado. Como el erudito bíblico Barry Cooper lo define:

> [Satanás] es un ser creado por Dios, quien... se rebeló contra el Creador. (Jesús dice, "Vi a Satanás caer como un rayo del cielo.") Está comprometido en una guerra constante contra Dios y contra todos aquellos que Dios ha creado. Según la Biblia, uno de sus objetivos es enfrentar a hombres y mujeres contra su amoroso Creador, atrayéndolos así hacia la destrucción. En las Escrituras se dice que habla, miente, trabaja, lucha contra los ángeles de Dios, desea, acecha, tiene diseños y planes para engañar

a los creyentes, ciega las mentes de los no creyentes, asesina, se enoja y engaña.[1]

Adán y Eva, nuestros primeros padres, pensaron que esta promesa de Dios hablaba de un futuro inmediato, en otras palabras, que uno de sus propios hijos habría cumplido este rol redentor. Esta anticipación se expresa poco después de la muerte de Abel a manos de su hermano Caín (Génesis 4:1-15). Dado que Abel estaba muerto y Caín había sido maldecido a vagar por la tierra, Adán y Eva dieron al siguiente hijo que tuvieron el nombre de "Set" (Génesis 4:25), que significaba "designado". ¿Era Set el designado? ¿Fue él el cumplimiento prometido de la primera profecía redentora (Génesis 3:15)? Adán y Eva debieron haberlo pensado así, pero él no fue diferente a ninguno de sus otros hermanos y hermanas. Él también fue afectado por la caída.

Sin embargo, de estos dos hijos de Adán procedieron las líneas contrastantes (o semillas) que mencioné en el capítulo anterior, la línea de Caín (la

---

1. Barry Cooper, "Satan", *Ligonier*. Consultado 26 de Enero, 2023, https://www.ligonier.org/podcasts/simply-put/satan/.

semilla de la serpiente) y la línea de Set (la semilla de Dios).[2] No se nos dan detalles específicos, pero a partir de lo que podemos derivar de la Escritura, Caín y sus descendientes formaron una civilización impía. Recuerda, el llamado del hombre y su propósito creacional era cultivar la creación en una civilización piadosa. Ese llamado no fue anulado por el pecado, ya que está arraigado en el propósito creacional del hombre, pero ha sido *corrompido* por el pecado. Dado ese hecho, con Caín surgió entonces una civilización impía, y vemos evidencia de esto en Génesis 4:16-24. Sin embargo, con Set surgió un intento de una civilización piadosa (Génesis 4:26). Aquellos de la línea (o semilla) de Caín fueron llamados "hijos/hijas del hombre" (Génesis 6:1), mientras que aquellos de la línea (o semilla) de Set fueron llamados "hijos/hijas de Dios" (Génesis

---

2. Fue el padre de la Iglesia, San Agustín (354-430 d.C.), quien escribió que "Adán fue el padre de ambas líneas —es decir, tanto de la línea que pertenecía a la ciudad terrenal como de la que pertenecía a la ciudad celestial— cuando Abel fue asesinado... desde entonces, procedían dos líneas de dos padres, Caín y Set, y en esos hijos suyos, a quienes convenía registrar, los signos de estas dos ciudades comenzaron a aparecer más distintamente", en *La Ciudad de Dios*, Libro XV, Capítulo XVII.

6:2). Eventualmente, las dos líneas se mezclaron en una, como leemos en Génesis 6:2, "los hijos de Dios vieron que las hijas de los hombres eran hermosas, y tomaron para sí mujeres de entre todas las que les gustaban." Uno podría pensar que todo se había perdido (Génesis 6:3), que la línea o semilla de la cual vendría el Redentor se había comprometido, pero el plan de redención nunca fue del hombre para empezar, ni dependía del hombre realizar la obra que era exclusivamente de Dios. Lo que Dios hizo fue preservar la distinción entre los piadosos y los impíos, a pesar de la aparente mezcla de las dos líneas (Génesis 6:2, 8). Él preservó la semilla de los fieles, como vemos con la posterior separación de Noé y su familia (Génesis 6:8-10).

En este momento particular de la historia, es decir, el relato noájico, Dios insinuó no solo *lo que estaba por venir* (el diluvio catastrófico sirvió como señal del juicio venidero), sino también lo que Él *iba a hacer* (el arca que albergó a Noé y su familia, así como a dos de cada *género* de las bestias de la tierra y criaturas del aire, sirvió como señal de la salvación de Dios). De la línea del hijo de Noé, Sem (Gén. 11:10-32), después de los eventos de Babel,

EL EVANGELIO

Dios también apartó a un hombre llamado Abram, dándole el nombre de "Abraham", que significaba "el padre de muchas naciones", a través del cual Dios levantaría un pueblo para Sí mismo. Estas personas, que tienen como patriarcas a Abraham, Isaac y Jacob, y que eran descendientes de Noé, e hijos de Adán, fueron llamados "hebreos" durante su cautiverio en Egipto, pero como pueblo de Dios fueron llamados "Israel" (Éxodo 1:1).[3] Dios no solo había prometido que los descendientes de Abraham serían tan numerosos como las estrellas (Gén. 15:5), sino que también les había prometido la tierra de Canaán: "Y te daré a ti, y a tu descendencia después de ti, la tierra de tus peregrinaciones, toda la tierra de Canaán como posesión perpetua. *Y Yo seré su Dios*" (Gén. 17:8, cursiva mía).

Cuando observamos la historia del Éxodo que sigue, vemos nuevamente la manifestación de la gracia de Dios al liberar a un pueblo que Él mismo había apartado, similar a cómo Dios demostró Su gracia en el relato de los Patriarcas (Gén. 12:10-20;

---

3. A Jacob se le dio el nombre de "Israel" por Dios (Génesis 35:10), hacia el final de Génesis y en el inicio de Éxodo, los hebreos son referidos como hijos de Israel.

REDENCIÓN

26:6-35; 33), y antes de eso, remontándose al Jardín del Edén. Y así como podemos ver esas manifestaciones anteriores de Su gracia, también vemos indicios o vislumbres de las intenciones de Dios en el desarrollo de la historia. La esclavitud de los hebreos en Egipto, por ejemplo, sirvió como reflejo de nuestra esclavitud al pecado; el éxodo de los hebreos de Egipto sirvió como reflejo de la futura (y presente) liberación de Su pueblo por parte de Dios; la estancia del pueblo en el desierto sirvió como reflejo de nuestra peregrinación terrenal de fe; y la recepción de la Tierra Prometida fue un reflejo de la culminación de la promesa de Dios de llevar al pueblo a una restauración y renovación total. Entendemos que estos son signos de la obra redentora de Dios para aquellos que se han arrepentido y ejercido su don de fe, y que ahora son llamados Su pueblo (el Israel *espiritual* mayor), independientemente de la etnia (Ver Gén. 12:2-3; Mateo 8:11; Rom. 11:11-24; Mateo 28:18-20). Este desarrollo redentor es lo que vemos en la Torá, o en el Pentateuco (los primeros cinco libros de la Ley en el Antiguo Testamento). A lo largo del resto del Antiguo Testamento, somos testigos de varios otros signos del plan redentor de

EL EVANGELIO

Dios que se desarrolla, y a riesgo de simplificar demasiado la narrativa, pero teniendo en cuenta que este capítulo no pretende ser un estudio del Antiguo Testamento, lo que se puede decir es esto: que el hombre demostró ser incapaz de lograr su propia redención, como se ve en los numerosos fracasos de Israel. Pero, sin embargo, a través de la nación de Israel, de la línea del Rey David con quien Dios había hecho un pacto, Dios proveería al Redentor prometido, la semilla prometida (2 Sam. 7:12-13; 1 Crón. 17:11-14; 2 Crón. 6:16). Y era necesario, dada la propia incapacidad del hombre, que este Redentor fuera más que un simple hombre, sino *Dios mismo*. Es por esto que el padre de la iglesia del siglo IV, San Atanasio, expresó que:

> [S]olo la asunción de la humanidad por parte de uno que es plenamente divino podría efectuar un cambio en este estado de la creación; al hacerse humano y vivir una vida humana, el Verbo divino, que es en sí mismo la verdadera imagen de Dios, restauró la imagen de Dios que está desfigurada en nosotros.[4]

---

4. Ivor J. Davidson. *A Public Faith: From Constantine to the Medieval World AD 312-600*, ed. John D. Woodbridge, David F. Wright, and Tim Dowley, Volume Two. (Grand Rapids: Baker Books, 2005), 64.

Este evento de la venida del Redentor nos lleva al Nuevo Testamento. Sin embargo, debe notarse, antes de proceder más allá, que, ya que he usado la palabra "gracia" para describir esta narrativa desplegada, sería mejor explicar qué significa este término. "Gracia" (Gr. χάρις), tal como la entendemos bíblicamente, es el favor inmerecido de Dios hacia el hombre. Y esta gracia ha sido mostrada desde el momento en que Adán y Eva recibieron por primera vez la promesa redentora, al momento en que les fueron dadas vestiduras hechas de pieles (lo que implica un sacrificio de expiación, ver Gén. 3:21), al momento en que Noé y su familia fueron salvados del diluvio catastrófico, al momento en que Abraham y la subsiguiente nación de Israel fueron apartados como pueblo de Dios, y al momento en que Dios trajo al mundo al Redentor prometido. Y la gracia de Dios es evidente aún cuando consideramos que el Redentor aún no ha completado Su obra (2 Pedro 3:9). Él sigue trabajando hoy en día redimiendo la creación. En cada instancia, el hombre ha sido el beneficiario, y en cada instancia, el hombre ha sido, y es, indigno. Eso es lo que la hace "gracia". Es por esto que el antiguo comerciante de

EL EVANGELIO

esclavos convertido en abolicionista y clérigo anglicano, John Newton (1725-1807), escribió en su famoso himno, *Amazing Grace*:

> Sublime gracia (cuán dulce el sonido)
> que salvó a un desdichado como yo.
> Una vez estuve perdido, pero ahora me encuentran,
> estaba ciego, pero ahora veo.
>
> Fue la gracia la que enseñó a mi corazón a temer
> y la gracia alivió mis miedos.
> Cuán preciosa apareció esa gracia
> en la hora en que primero creí.
>
> A través de muchos peligros, trabajos y trampas
> ya he pasado;
> esta gracia que me ha traído seguro hasta aquí
> y la gracia me llevará a casa...[5]

Todo en la Ley y los Profetas, todo en el Antiguo Testamento, apuntaba hacia la venida del Redentor, el cumplimiento de la promesa de Dios en Génesis 3:15. Fue en ese momento, y sigue siendo así hoy, el "evangelio", las "buenas nuevas" anunciadas por el ángel del Señor en esa bendita noche cuando nació el Redentor.

---
5. Traducción literal.

«No teman, porque les traigo buenas nuevas de gran gozo que serán para todo el pueblo; porque les ha nacido hoy, en la ciudad de David, un Salvador, que es Cristo el Señor. Esto les servirá de señal: hallarán a un Niño envuelto en pañales y acostado en un pesebre» (Lc. 2:10-12).

El Redentor

¿Quién es el Redentor? ¿Quién es la semilla prometida? Jesús el Cristo, el Hijo de Dios encarnado.[6] En Juan 3:16 se nos dice que

> Porque de tal manera amó Dios al mundo, que dio a Su Hijo unigénito, para que todo aquel que cree en Él, no se pierda, sino que tenga vida eterna.

En toda la Escritura vemos al Dios Trino, el Padre, el Hijo y el Espíritu Santo: tres Personas, un Ser. Es el Hijo quien es enviado por el Padre para tomar forma corporal con el fin de cumplir el rol redentor que solo *Él* puede cumplir. Y el Espíritu aplica la obra del Hijo a aquellos a quienes Dios aparta (como se evidencia por su fe, ver Mat.

---

6. Consulta Robert M. Bowman and J. Ed Komoszewski, *Putting Jesus in His Place: The Case for the Deity of Christ* (Grand Rapids, MI.: Kregel Publications).

EL EVANGELIO

7:15-20; Jn. 14:16-17; Ef. 2:5). La llegada del Hijo es de tal significancia, y la magnitud de tal significancia, que divide la historia en dos partes, no solo entre los Testamentos Antiguo y Nuevo, sino entre las eras de AC (Antes de Cristo) y DC (*Anno Domini*, latín para "el Año del Señor"). Ciertamente podemos discutir sobre qué año *exactamente* nació Cristo, pero independientemente de dónde podríamos terminar, la venida del Cristo comenzó el *Anno Domini*.

¿Qué logró exactamente Jesús? En primer lugar, tuvo éxito donde nuestros primeros padres fallaron, en términos de nuestra obediencia requerida a Dios. Y por esta razón, y dado el papel único que ocupa como el Dios-hombre (plenamente Dios, plenamente hombre) y Redentor, se le llama el «último (o segundo) Adán» (1 Cor. 15:45). En términos simples, el Redentor debe ser uno que pueda cumplir la Ley de Dios en su totalidad, algo que Israel nunca pudo hacer, para poder ofrecerse a sí mismo como un sacrificio expiatorio por los pecados de la humanidad. Eso es hacia lo que apuntaban las leyes ceremoniales y los sacrificios del Antiguo Testamento: el cordero sin mancha que quita los pecados del mundo (Jn. 1:29). ¿Y cómo haría esto exactamente? Este es el segundo punto: Pagando la deuda de pecado que todos debíamos: la muerte. La Biblia enseña que la paga del pecado es muerte (Rom. 6:23). Moisés, en Éxodo 32:30-34, una vez se ofreció a sí mismo a cambio de la salvación del pueblo de Dios en el desierto. La oferta nunca fue aceptada, por supuesto, porque él no podía cumplir con los requisitos (1 Pe. 2:22-24). Pero fue una señal de que vendría uno mayor que Moisés, y Su oferta no sería rechazada. Jesús es ese mayor, el que cumplió todos los requisitos. Fue perfectamente justo, y por naturaleza divina, y así no solo pudo pagar por los pecados de todos aquellos que se han arrepentido y creído, sino que también pudo efectuar un cambio en ellos, una reversión de la "reversión radical" causada por el pecado.

Es cierto que históricamente, los judíos de la época de Jesús esperaban una figura militar de un Mesías para liberarlos de su subyugación a Roma. Tenían sus propias ambiciones nacionalistas, y *La caída de Jerusalén* de Josefo relata lo que esas ambiciones les costaron. Pero lo que Jesús vino a hacer fue mucho más grande de lo que los judíos de

EL EVANGELIO

la época habían pensado posible: vino a liberar al hombre de su pecado (Lc. 4:18-21) y a liberar la creación de su subyugación a la maldición del pecado (Jn. 8:34-36). Y para lograr ese fin, la muerte era necesaria. En otras palabras, la semilla prometida nació para que pudiera morir. Considera la ironía: Aquel que es vida nació para morir, para que por Su muerte pudiera traer nueva vida. Parafraseando el pensamiento de C.S. Lewis, el evangelio no es una historia que esperarías que la humanidad inventara.

Pero debo añadir un hecho importante en este punto, porque de lo contrario la gente podría afirmar que adoramos a un "Dios muerto". Esa afirmación no podría estar más lejos de la verdad, adoramos a un Dios vivo. Es cierto que históricamente, Jesucristo fue crucificado y murió una muerte excruciante a manos de los romanos, pero es igualmente cierto que al tercer día después de su muerte, Jesús resucitó de entre los muertos. ¿Quién resucitó a Jesús de entre los muertos? Juan 2:19 nos dice que el *Hijo* resucitó su propia vida. Gálatas 1:1 afirma que el *Padre* lo levantó de entre los muertos. 1 Pedro 3:18 afirma que el *Espíritu Santo* lo levantó de entre los muertos. No hay contradicción. Estas tres personas son el mismo y único *Dios*, por lo que se dice con razón que Dios lo levantó de entre los muertos. Y si no fuera por la resurrección, entonces todo lo que Jesús logró habría sido en vano. De hecho, seríamos las personas más dignas de lástima. Nuestra fe se sostiene y cae en la resurrección de Cristo (1 Cor. 15:12-20). Si Cristo no hubiera resucitado, ¿cuál sería el punto? Pero Cristo de hecho resucitó de la tumba. Y porque Él resucitó, tenemos *nueva vida*.

En el capítulo anterior, aprendimos que la caída del hombre resultó en nuestra muerte espiritual. Solo Dios puede dar vida a los muertos. El profeta Ezequiel vio una visión de un valle de huesos secos siendo restaurado a un pueblo vivo (Eze. 37), tal es la vida que Dios da a nuestros seres, y que Él promete más plenamente al final del tiempo creado. Lea lo que dice Ezequiel:

> La mano del Señor vino sobre mí, y me sacó en el Espíritu del Señor, y me puso en medio del valle que estaba lleno de huesos. Él me hizo pasar en derredor de ellos, y vi que eran muchísimos sobre la superficie del valle; y estaban muy secos. Y me preguntó: «Hijo

de hombre, ¿vivirán estos huesos?». Y yo respondí: «Señor Dios, Tú lo sabes». Entonces me dijo: «Profetiza sobre estos huesos, y diles: "Huesos secos, oigan la palabra del Señor". Así dice el Señor Dios a estos huesos: "Voy a hacer que en ustedes entre espíritu, y vivirán. Y pondré tendones sobre ustedes, haré crecer carne sobre ustedes, los cubriré de piel y pondré espíritu en ustedes, y vivirán; y sabrán que Yo soy el Señor"». Profeticé, pues, como me fue mandado; y mientras yo profetizaba hubo un ruido, y luego un estremecimiento, y los huesos se juntaron cada hueso con su hueso. Y miré que había tendones sobre ellos, creció la carne y la piel los cubrió, pero no había espíritu en ellos. Entonces Él me dijo: «Profetiza al espíritu, profetiza, hijo de hombre, y dile al espíritu: "Así dice el Señor Dios: 'Ven de los cuatro vientos, oh espíritu, y sopla sobre estos muertos, y vivirán'"». Y profeticé como Él me había ordenado, y el espíritu entró en ellos, y vivieron y se pusieron en pie, un enorme e inmenso ejército. Entonces Él me dijo: «Hijo de hombre, estos huesos son toda la casa de Israel. Ellos dicen: "Nuestros huesos se han secado, y nuestra esperanza ha perecido. Estamos completamente destruidos". Por tanto, profetiza, y diles: "Así dice el Señor Dios: 'Voy a abrir sus sepulcros y los haré subir de sus sepulcros, pueblo Mío, y los llevaré a la tierra de Israel. Y sabrán que Yo soy el Señor, cuando abra sus sepulcros y los haga subir a ustedes de sus sepulcros, pueblo Mío. Pondré Mi Espíritu en ustedes, y vivirán, y los estableceré en su tierra. Entonces sabrán que Yo, el Señor, he hablado y lo he hecho', declara el Señor"» (Ezeq. 37:1-14).

Esta visión profética se haría realidad en Cristo. ¿Cómo? Cuando Jesucristo fue crucificado en la cruz, fue para cargar con nuestras iniquidades, nuestro pecado. Y mientras Él colgaba allí en aquel árbol (Gál. 3:13), la ira de Dios fue derramada sobre Él en su totalidad. La ira reservada para los malvados, la ira de un Dios justo y santo que estaba destinada para ti y para mí, fue asumida en su plenitud por Jesucristo. Él *literalmente* se convirtió en nuestro chivo expiatorio. De hecho, de ahí es de donde obtenemos el concepto de "chivo expiatorio". Una persona justa e inocente sufrió en lugar de la parte pecadora. Al hacerlo, Jesús satisfizo la ira de Dios, lo que los teólogos se refieren como la *propiciación* de nuestros pecados, y Él canceló el pecado de su pueblo, lo que llaman la obra de *expiación*. Esa cancelación es eterna en su consecuencia, aunque el pecado todavía está presente en el sentido *temporal*. En otras palabras, aquellos que se arrepienten y creen han sido liberados de la pena y el poder del pecado, *aunque aún no de la presencia del mismo*. Y al quitar nuestros pecados, el Espíritu de Dios nos aplica la justicia de Cristo, también referida como *justicia imputada*. Con este intercambio, es decir, nuestro pecado por Su justicia, somos justificados ante Dios a los ojos de la Ley. Además, se nos da vida espiritual. Y al estar espiritualmente vivos, estamos siendo continuamente *santificados* por el Espíritu de Dios.

La santificación es el proceso continuo mediante el cual aquellos que se arrepienten y creen son liberados del poder del pecado y son capacitados por su nueva naturaleza para resistirlo y apartarse de él. Ser santificado por el Espíritu de Dios presupone una nueva naturaleza. Nuestra naturaleza originalmente era buena antes de la caída porque fuimos creados a imagen de Dios, pero la caída resultó en un cambio radical de nuestra naturaleza, de una disposición de justicia a injusticia. Pero, cuando el Espíritu de Dios nos da vida, permitiéndonos arrepentirnos y creer en el Hijo, entonces se nos da una nueva naturaleza. La vieja es crucificada en la cruz con Cristo, y la nueva es levantada con Cristo cuando Él resucitó de entre los muertos (Rom. 6:4; Col. 2:12). Esta nueva naturaleza engendrada por el Espíritu es la nueva vida que Dios nos da, y está a imagen del Hijo.

Estas maravillosas verdades bíblicas ya dicen mucho sobre las profundidades y riquezas de la gracia de Dios, pero aún hay más que decir. Cuando el Espíritu de Dios nos da nueva vida en el Hijo, también somos hechos *hijos de Dios*. Así es, no somos dejados como huérfanos, y ya no somos hijos del diablo (1 Jn. 3:10). Como escribe el apóstol Pablo:

> Pero cuando vino la plenitud del tiempo, Dios envió a Su Hijo, nacido de mujer, nacido bajo la ley, a fin de que redimiera a los que estaban bajo la ley, para que recibiéramos la adopción de hijos (Gal. 4:4-5).

Nuevamente, vemos la distinción, el contraste, entre las dos semillas a lo largo del curso de la historia: la de la serpiente (Satanás) y la de Dios. O para usar la terminología de San Agustín de su obra magna, *La Ciudad de Dios*: "la ciudad del hombre" y "la ciudad de Dios". Las dos no están destinadas a estar en conflicto entre sí *para siempre*. Esto no es

EL EVANGELIO

similar al ciclo sin fin retratado por el cuento griego de Sísifo. Con el tiempo, la ciudad de Dios crecerá y triunfará el día del regreso de Cristo, mientras que la ciudad del hombre disminuirá y eventualmente será eliminada. Más sobre eso hacia el final.

¿Qué logró entonces Jesús? Si al principio había paz entre el hombre y Dios, el hombre y su prójimo, y el hombre y la creación, y el pecado trajo violencia a esa relación triple y alteró el estado de las cosas, lo que Jesús vino a hacer fue restaurar lo que se había perdido: *Shalom* (paz).

La Restauración de la Relación Tríplice

Desde la caída, el hombre ha sido enemigo de Dios (Rom. 5:10; 8:7-21). Su corazón, aunque originalmente creado recto y en armonía con su Creador, había sido torcido por el pecado y marcado por una hostilidad desquiciada contra Dios y Su ley (Rom. 8:7). Como hemos visto, en lugar de inclinarse voluntariamente ante la soberanía de Dios, ha rechazado Su dominio a favor de establecer su propio trono y reino. Lo que busca es lo que nuestros primeros padres buscaron al principio, su propia independencia completa del Creador, *autonomía radical*. De hecho, está enamorado de ella. Y debido a este amor por el pecado, por su propia fuerza, el hombre no puede liberarse de las cadenas de su propia adicción. Y porque no puede quitarse estas cadenas, por lo tanto, no puede deshacerse de su propia hostilidad. Sabe en el fondo que está equivocado, que el Dios que creó los cielos y la tierra es perfecto y justo, pero es impotente para hacer algo al respecto, está a merced de su propia naturaleza pecaminosa. Por lo tanto, hay violencia en su corazón contra Dios, está desprovisto de toda paz. Pero con la llegada de Cristo, una situación de otro modo sin esperanza se vuelve esperanzadora, porque Cristo vino a hacer la paz entre el hombre y Dios. Aún se tenía que hacer justicia, por eso Jesús fue a la cruz en nuestro nombre, pero al venir en forma de hombre y hacer lo que hizo, proporcionó los medios para que la paz se restaurara, esos medios siendo *Su muerte en la cruz*. Pero esta paz aún no se aplica y se pone en efecto hasta que el Espíritu de Dios toca primero el corazón del hombre. Cuando el Espíritu hace esto, trae vida donde había muerte, da vista donde había ceguera y da fe donde había incredulidad. Al hacer estas cosas, el Espíritu de Dios permite que el hombre responda al llamado del Redentor, a arrepentirse y alejarse de todo pecado y a rendirse y seguirlo en fe. Cuando ocurre este cambio, cuando el pecador es tocado por el Espíritu de Dios y responde a ese llamado ahora irresistible de Dios, la obra redentora de Jesucristo se aplica y se pone en pleno efecto. Donde una vez hubo violencia y hostilidad, ahora hay paz. Paz entre el hombre y Dios, pues por un lado, el hombre se ha humillado ante la soberanía de Dios, y por otro lado, se ha satisfecho la justicia de Dios. Y no queriendo que seamos huérfanos, como mencioné, nos adopta como Sus hijos, trayéndonos de vuelta a la comunión que nuestros primeros padres habían perdido. Ya no marca la cortina la separación entre el hombre y Dios (Mat. 27:51). La separación ha sido cerrada, y Su nombre es Jesucristo. La paz, *Shalom*, ha sido restaurada. Si lo que Adán y Eva experimentaron antes de la caída era el "Paraíso", en lo que respecta a su relación con Dios, entonces lo que Jesús logró en el Gólgota, el monte donde Jesús fue crucificado, fue el restablecimiento del "Paraíso" (Lc. 23:43). ¿Qué fue lo que Jesús le dijo al criminal convertido que fue crucificado junto a él? "De cierto te digo, hoy estarás conmigo en el paraíso". Ese "Paraíso", esa comunión restaurada, es una realidad de ahora y aún no. Es *ahora* en el sentido de que ahora tenemos acceso al trono de Dios, por la gracia de Dios, como un hijo tiene acceso a su padre. Y todavía *no es* porque aún esperamos el día en que podamos caminar con Dios sin ningún impedimento, y cuando podamos experimentarlo en toda Su plenitud en la nueva tierra, donde el cielo y la tierra se han convertido en uno (Ap. 21-22).

En cuanto a la relación entre el hombre y su prójimo, esta también experimenta una restauración del *Shalom* como resultado de lo que Jesús logró en la cruz. Cuando se restaura la paz entre el hombre y Dios, el amor que nace del lado del hombre hacia Dios (porque Dios nunca dejó de amar a su creación) también se extiende al prójimo. El hombre no puede amar a su prójimo si no ama primero a Dios. De hecho, el estado de su relación con el prójimo siempre está determinado por el estado de su relación con Dios. Por ejemplo: En su pecado, el hombre natural odia a Dios y, como resultado, se puede decir que en su pecado, el hombre odia a su prójimo. El bien que llega a hacer por otro es hecho o por algún propósito egoísta, o a pesar de sí mismo, lo cual es muy probable considerando que la imagen de Dios no ha sido totalmente extirpada de nuestro ser sino simplemente desfigurada. Pero en Cristo, quien restaura en nosotros la imagen de Dios, el hombre no puede evitar amar a su prójimo. ¿Qué es el amor? ¿Cómo se expresa este amor? El apóstol Pablo explica cómo es este amor en 1 Corintios 13:4-7:

> El amor es paciente, es bondadoso. El amor no tiene envidia; el amor no es jactancioso, no es arrogante. No se porta indecorosamente; no busca lo suyo, no se irrita, no toma en cuenta el mal recibido. El amor no se regocija de la injusticia, sino que se alegra con la verdad. Todo lo sufre, todo lo cree, todo lo espera, todo lo soporta.

Este amor se expresa ciertamente dentro del contexto del matrimonio y la familia, por eso se cita en las bodas. Pero también se expresa dentro del contexto de la comunidad de Dios (la iglesia), y dentro del contexto de nuestra convivencia común con el hombre. De hecho, la formación del nuevo Israel *espiritual*, que es la iglesia, compuesta por personas de todas las naciones y lenguas (Mateo 8:11; Romanos 11:11-31), es el resultado de la restauración de la paz entre los hombres. Es la nueva sociedad que Dios ha engendrado por el poder de la resurrección de Cristo, una sociedad que un día abarcará toda la tierra en su totalidad, el triunfo de la "Ciudad de Dios". Hasta entonces, esa nueva sociedad, siendo la iglesia, debe amar al mundo (es decir, a las personas, no al sistema mundial caído) proclamando el evangelio y administrando sus gracias, con la anticipación de que Dios aplicará la obra redentora de Cristo a otros y añadirá "a [nuestro] número día tras día a aquellos... que están siendo salvados" (Hechos 2:47). En cuanto a la administración de las gracias del evangelio, o dicho de otra manera, el amor expresado al prójimo y cómo se manifiesta, San Agustín, en una frase que a menudo se le atribuye, dice lo siguiente:

> ¿Cómo se ve el amor? Tiene manos para ayudar a los demás. Tiene pies para apresurarse hacia los pobres y necesitados. Tiene ojos para ver la miseria y la necesidad. Tiene oídos para oír los suspiros y penas de los hombres. Eso es lo que parece el amor.

EL EVANGELIO

¿Parece que estoy diciendo que no existe el amor fuera de Dios? Sí, eso es lo que estoy diciendo. No hay amor fuera del evangelio, no puede haberlo, el pecado nos asegura eso. En contra de lo que el mundo pueda decir, el amor no es un sentimiento pasajero. El amor es más un verbo que un sustantivo, porque tiene más que ver con actuar que con sentir. Y ese amor se expresa de manera máxima en el sacrificio de Jesucristo. En el Jardín de Getsemaní, cuando oró al Padre por fuerza en preparación para el gran sacrificio, Jesús siguió adelante con Su plan redentor, no porque tuviera *ganas* de morir por nuestros pecados, sino porque *eligió* hacerlo. En Juan 15:13, el mismo Jesús dijo: "Nadie tiene un amor mayor que este: que uno dé su vida por sus amigos". Es debido al amor de Dios que podemos amar a nuestro prójimo, porque de lo contrario, ¿cómo podemos amar si no conocemos el amor?

En lo que respecta a la relación del hombre con la creación, esta también experimenta una restauración de *Shalom*. Aunque lo que Jesús logró en la cruz fue principalmente para nuestra salvación y redención, la importancia de Su sacrificio va más allá de nuestra condición "espiritual" y se extiende a todo lo que hacemos aquí y ahora. Al perdonar al hombre arrepentido sus transgresiones, al darle nueva vida y libertad del pecado, lo que Jesús hizo en esencia fue habilitar al hombre para retomar su propósito creacional, pero esta vez, con el *potencial* de cumplirlo como se suponía que debía ser. Recuerda, originalmente se le encomendó al hombre cuidar del Jardín, cultivándolo en una civilización piadosa. Esa tarea, ese llamado, se renueva en Cristo. Podríamos decirlo de esta manera: Si en Adán, a quien se le dio dominio, todos cayeron en pecado y, por lo tanto, todos fallaron en ejercer el dominio de la manera en que debía haber sido, entonces en Cristo, el nuevo Hombre de Dominio, todos son hechos vivos y a todos se les habilita para ejercer dominio como originalmente se pretendía (Gén. 1:28).

Pero, por supuesto, cuando pensamos en la restauración del *Shalom* en nuestra relación con la creación, pensamos más en el estado de la creación que en lo que estamos llamados a hacer con ella. Todos aún experimentamos enfermedades y sufrimiento, todos aún envejecemos y moriremos, la futilidad destacada por el Predicador en Eclesiastés sigue siendo evidente para todos nosotros. Pero aquí está la buena noticia: todo es temporal. Cuando Jesús vino al mundo, puso las cosas en movimiento, y cuando regrese, terminará lo que comenzó. Nosotros estamos, mientras tanto, en ese período intermedio entre las dos venidas (llegadas de Cristo). ¿Cuánto tiempo será? No lo sabemos. La Escritura es silenciosa sobre ese asunto. Pero lo que sí sabemos es que el reloj está avanzando, se acerca el tiempo cuando todas las cosas serán hechas nuevas por el Hijo (1 Cor. 15:20-58; Apoc. 12:12). ¿Cómo? ¿Cuándo? ¿Por qué no lo vemos tan claramente como nos gustaría? Esas son preguntas que intentaré abordar más adelante.

Cómo se relaciona esto con el Mandato Creacional

¿Cómo se relaciona lo que Jesús logró a través de su vida, muerte y resurrección con el mandato creacional? En el primer capítulo mencioné cómo Adán debía ser el profeta, sacerdote y rey de Dios. Y en el segundo capítulo, expliqué cómo Adán no cumplió con su mandato debido a su pecado. El mandato persistió, pero ningún hombre pudo cumplirlo, hasta Jesús. Como el Dios-hombre, Jesús vino a cumplir lo que el hombre no pudo cumplir, no solo para asegurarnos nuestra salvación (esto no es solo un seguro contra el infierno), sino para restaurarnos nuestro verdadero propósito y llamado. ¿Cómo se hizo esto? En primer lugar, Jesús vino como el profeta de Dios, para interpretar la creación según Dios. En segundo lugar, vino como el sacerdote de Dios, para consagrar la creación a Dios. Y en tercer lugar, vino como el Rey de Dios, para gobernar la creación sujeta a la ley y el mandato de Dios. Los tres regalos que recibió de los magos en su infancia, de mirra, incienso y oro, eran simbólicos de este triple oficio de profeta, sacerdote y rey (Mateo 2:11). Como había mencionado antes, Jesús vino como el nuevo hombre de "Dominio", como el segundo Adán, y no solo proporcionó los medios para que recibamos nueva vida, sino que también proporcionó los medios mediante los cuales podemos tomar el arado y cumplir nuestro mandato creacional. ¿Cuáles son esos medios? Dos cosas: (i) el evangelio, y (ii) el poder del Espíritu. Los dos son inseparables, pues sin el poder del Espíritu, nuestros esfuerzos por cultivar la creación en una civilización piadosa serían en vano. Y sin el evangelio, no tendríamos contexto sobre el cual construir tal civilización. El mandato creacional es uno de transformación, y la transformación no puede ocurrir sin los dos. Pero, ¡espera! ¿Dónde afirmó Jesús el mandato creacional? ¿Dónde reemitió Jesús el mandato? ¿No ha expirado ese mandato? No, no ha expirado. No hay ni un solo hilo de pensamiento en la Escritura que sugiera que lo ha hecho. En cambio, ha sido renovado. Lean cuidadosamente lo que Jesús encomendó a los discípulos hacer en Mateo 28:18-20, una comisión que por cierto se extiende a *todo* el pueblo de Dios, independientemente de los tiempos:

> Acercándose Jesús, les dijo: «Toda autoridad me ha sido dada en el cielo y en la tierra. Vayan, pues, y hagan discípulos de todas las naciones, bautizándolos en el nombre del Padre y del Hijo y del Espíritu Santo, enseñándoles a guardar todo lo que les he mandado; y ¡recuerden! Yo estoy con ustedes todos los días, hasta el fin del mundo».

El mandato creacional, o el mandato *cultural*, ha sido renovado en la Gran Comisión. La mayoría de los seguidores de Jesús hoy en día, y añadiría

REDENCIÓN

al menos de los del último siglo, no han pensado tanto en el futuro. Se les ha enseñado, en el mejor de los casos, un evangelio "miópico", un evangelio truncado, cuyo único propósito es salvar al hombre de su perdición y juicio inminente. Si hemos salvado un alma del juicio eterno, por ejemplo, y le hemos asegurado un lugar en el "cielo" cuando muera como resultado de nuestros esfuerzos misioneros, entonces supuestamente hemos hecho lo suficiente. Lo que hagan desde el momento de la conversión hasta el tiempo de su muerte es de poca importancia, siempre y cuando se mantengan alejados del pecado. Esta interpretación (y aplicación) de la Gran Comisión le hace un flaco servicio a nuestro Señor Jesucristo y a lo que Él logró. Sí, Jesús murió por nuestros pecados. Sí, Jesús nos aseguró la vida eterna en el más allá. Sí, Jesús nos llama a una vida santa. Pero hay *más* en el evangelio que solo salvarnos y preservarnos hasta que veamos a Jesús. Hay trabajo por hacer *ahora*. Nuestro propósito y llamado creados han sido recuperados en el Hijo. Hemos sido redimidos para que podamos llevar a cabo la voluntad de Dios. ¿Y cuál es la voluntad de Dios? Hacer discípulos de todas las naciones. ¿Y qué pasa

EL EVANGELIO

cuando discipulamos con éxito a las naciones? Cultivamos una civilización piadosa. Es un resultado inevitable. Consideren que cuando las creencias de un pueblo cambian, sus valores cambian, sus comportamientos cambian y luego lo que resulta es que la cultura cambia. Cuando el evangelio comienza a cambiar corazones, un cambio cultural es inevitable. Pero una de las razones por las que no hemos sido testigos de esto en el presente, tan notablemente como lo hemos sido en siglos pasados, por ejemplo, es porque el evangelio que estamos predicando es incompleto, ha sido truncado y convertido en nada más que una espiritualización individualizada y privada. Necesitamos renunciar a la mentalidad de retirada cultural que nos ha llevado a cometer tal deservicio al evangelio bíblico. Necesitamos recuperar el alcance bíblico, todo abarcador del evangelio, entendiéndolo dentro del contexto de la narrativa histórico-redentora completa de la Escritura. Lo crean o no, esta es una de las formas en que Cristo está sometiendo todas las cosas a sí mismo (1 Cor. 15:20-28), mediante el mandato creacional *renovado*.

Lo que Voddie Baucham dijo al respecto cuando habló sobre el trabajo en el Founders Conference de 2023 en Florida, resuena profundamente. Expresó que dondequiera que Dios nos haya colocado, *ese* es nuestro rincón del jardín. Y nuestro mandato es hacer todo lo que esté a nuestro alcance, por medio de la proclamación y aplicación del evangelio, para que ese rincón del jardín se parezca tanto como sea posible al Jardín del Edén. No importa si eres un plomero, un obrero de la construcción, un químico, un político, un legislador, cualquiera que sea tu profesión, debe ser vista dentro del contexto de nuestra llamado como vice-regentes de Dios en Cristo. Fue el apóstol Pablo quien escribió: " Todo lo que hagan, háganlo de corazón, como para el Señor y no para los hombres" (Col. 3:23), y, "Entonces, ya sea que coman, que beban, o que hagan cualquier otra cosa, háganlo todo para la gloria de Dios" (1 Cor. 10:31). El Espíritu de Dios se encargará del resto.

Debería ser cada vez más claro para nosotros que la buena noticia del evangelio no es solo que Jesús ha venido como Salvador, sino que también ha venido como Rey. Esa famosa línea del apóstol

Pedro, "En ningún otro hay salvación, porque no hay otro nombre bajo el cielo dado a los hombres, en el cual podamos ser salvos" (Hechos 4:12), fue de hecho utilizada primero por el Emperador César Augusto sobre sí mismo, y Pedro sabía bien lo que significaba: Jesús es un Rey salvador. Él es el *Rey de reyes*. Su reino es *ahora* y es todo abarcador. Y como Rey, tiene *todo* el poder y *toda* la autoridad para redimir *toda la creación*, sometiendo todas las cosas a sí mismo (1 Cor. 15:28). En 1 Corintios 15:24-28, Pablo explica:

> Entonces vendrá el fin, cuando Él entregue el reino al Dios y Padre, después que haya terminado con todo dominio y toda autoridad y poder. Pues Cristo debe reinar hasta que haya puesto a todos Sus enemigos debajo de Sus pies. Y el último enemigo que será eliminado es la muerte. Porque Dios ha puesto todo en sujeción bajo Sus pies. Pero cuando dice que todas las cosas están sujetas a Él, es evidente que se exceptúa a Aquel que ha sometido a Él todas las cosas. Y cuando todo haya sido sometido a Él, entonces también el Hijo mismo se sujetará a Aquel que sujetó a Él todas las cosas, para que Dios sea todo en todos.

¿Cómo sabremos cuándo nuestro trabajo está completo? Cuando, como resultado de nuestro cumplimiento de la Gran Comisión, todas las cosas (no necesariamente *todas las personas*, pero sí toda la sociedad) sean sometidas a Cristo. Podríamos llamar a esto el "triunfo" del evangelio (Sal. 72; Isa. 2; Mat. 13:31-33; 24:14). Y esto incluirá la inevitable derrota de los enemigos de Dios, siendo el último enemigo la "muerte". Sí, es cierto que Cristo nos ha dado una nueva vida. Es una nueva vida que tenemos ahora en el Espíritu de Dios (Rom. 6:4; 2 Cor. 5:17; Ef. 4:22-24), pero la manifestación plena de esa vida se dará cuando Jesús regrese (Mat. 24:27, 44; Heb. 9:28; Apoc. 1:7). Su regreso marcará la aniquilación de la realidad de la muerte de una vez por todas, porque será en ese momento cuando resucita a su pueblo que ha dormido (que ha muerto, ver 1 Tes. 4:14-15), y cuando consumará todas las cosas (2 Ped. 3:4-13; Apoc. 21-22). Esa es nuestra anticipación *bíblica*, que Cristo "venga pronto" (Gr. μαρὰν ἀθά, *maranatha*) para llevar a término la redención y renovación de la creación, pues nuestro hogar no está en lo alto de los cielos como muchos parecen creer, sino aquí en la tierra (2 Ped. 3:13;

Apoc. 21:1). Y mientras tanto, lo que hacemos aquí y ahora *importa*, porque estamos construyendo el Reino de Dios. Somos verdaderamente "edificadores del reino" en Cristo (Mat. 6:38), y ese Reino también se manifestará plenamente cuando nuestro Rey, Jesucristo, regrese.

Y cuando llegue ese momento, se nos dará la nueva tierra como nuestra herencia, pues también somos coherederos como hijos adoptivos de Dios (Rom. 8:16-17; Gál. 3:29; 1 Ped. 1:4). ¡Cuán abundante es la gracia y bondad de Dios! ¿Y sabes qué? Quizás esto sea lo realmente sorprendente: No será ocasión para recostarse y relajarse. No habrá descanso en lujosos sofás mientras los ángeles nos alimentan con uvas. Muchas de las representaciones populares de cómo se verá la nueva tierra carecen de imaginación dado su falta de fundamentos en la Palabra de Dios. La verdad es: Tendremos trabajo que hacer. Trabajo satisfactorio. Trabajo fructífero. Trabajo de construcción del Reino. Trabajo que glorifica a Dios. Lo que hacemos ahora es en preparación para lo que haremos entonces al servicio de nuestro Dios y Rey. En palabras de Baucham:

El trabajo no es un producto de la caída. La naturaleza ardua de nuestro trabajo es consecuencia de la caída. Nuestra pereza ante el trabajo que tenemos que hacer es producto de la caída... [Pero] el trabajo no es un producto de la caída.[7]

La Esperanza que Trae la Buena Noticia

El profeta Isaías, quien profetizó acerca del Redentor aproximadamente 700 años antes, proclamó bajo la inspiración del Espíritu de Dios:

> ¡Qué hermosos son sobre los montes
> Los pies del que trae buenas nuevas,
> Del que anuncia la paz,
> Del que trae las buenas nuevas de gozo,
> Del que anuncia la salvación,
> Y dice a Sión: «Tu Dios reina»! (Isa. 52:7).

¿Por qué se llaman «hermosos» los «pies» de esta persona? Porque corre hacia nosotros para entregarnos un mensaje de «buenas nuevas». ¿Qué buenas nuevas? Las buenas nuevas de Jesús, quien ha venido como Salvador y Rey, la simiente prome-

---

[7]. Founders Ministries, "Work Isn't a Product of the Fall", *Youtube*. Consultado 1 de Febrero, 2023, https://www.youtube.com/watch?v=oW56EKecvFk/.

tida, el Redentor de toda la creación. En tiempos de Isaías, era un misterio que aún estaba por desvelarse, como lo fue para el resto de los profetas del Antiguo Testamento; pero para nosotros es un misterio revelado (1 Pedro 1:10). Y ahora que tenemos esta revelación, estas "buenas nuevas", ¿cómo debemos responder? ¿Cómo debemos recibir las buenas nuevas del mensajero? Primero, debemos arrepentirnos y creer en Aquel que Dios ha enviado (Mateo 4:17; Hechos 3:19; 17:30; Romanos 10:9). Y en segundo lugar, debemos "proclamarlo desde los tejados" (Mateo 10:27). Sí, eso significa que debemos compartirlo con todos aquellos que conocemos. Lo segundo surge de lo primero, porque el evangelio trae tal alegría que no podemos contenernos. ¿Y cómo no podría traer tal alegría? El evangelio, las buenas nuevas, después de todo, trae paz y esperanza, trae sanidad y vida, trae libertad y restauración. Trae salvación y redención. Y primero comenzamos a ver eso en el corazón del hombre antes de que se derrame en todo lo que el hombre hace. Y a medida que el tiempo avanza, a medida que el pueblo de Dios cumple su propósito y llamado, veremos al Espíritu de Dios llevar a término Su plan redentor en el tiempo señalado. Todos esperamos con anticipación ese día, cuando el cielo y la tierra se unan.

Tómate un momento y reflexiona sobre lo siguiente: ¿Puedes imaginar un mundo sin pecado? ¿Puedes imaginar un mundo sin enfermedades? ¿Puedes imaginar un mundo sin maldad y muerte? Un mundo donde haya paz perfecta entre el hombre y Dios, entre el hombre y sus semejantes, y entre el hombre y la creación. Un mundo donde el hombre pueda funcionar en perfecta armonía con todas las esferas de la ley creacional. Puede parecer un cuento de hadas, pero es mucho más que eso, es nuestra realidad prometida. Y esa realidad bíblica es expresada de manera más hermosa por Scott James en su libro *The Sower* (El Sembrador), en el que afirma:

> Incluso ahora, el Sembrador llama con un poder maravilloso,
> y el mundo responde cantando.
> El jardín, una vez perdido, está siendo re-hecho.
> Un día viviremos con Él allí,
> y mientras escuchamos el sonido de su Voz,
> lo veremos cara a cara.[8]

---

8. Scott James, *The Sower* (Wheaton, IL.: Crossway, 2022).

EL EVANGELIO

Dios ha remediado (y sigue trabajando en remediar) lo que hemos alterado con nuestro pecado.

Gloria sea a Dios.

Capítulo Cinco

CONCLUSIÓN

¿Cuál es entonces la buena noticia? ¿Cuál es entonces el evangelio? Habiendo comprendido ahora el estado *original* de las cosas. Habiendo comprendido también lo que ocurrió para *alterar* el estado de las cosas. Y habiendo comprendido lo que se hizo para *remediar* el estado de las cosas. El evangelio puede entonces articularse de la siguiente manera:

Creación

En el principio, Dios creó los cielos y la tierra, y lo llamó "bueno". Había paz (*Shalom*) en cada parte de la tierra ya que todo funcionaba según la intención y el diseño de Dios. Había paz entre el hombre y Dios, paz entre el hombre y su prójimo, y paz entre el hombre y la creación. La tierra fue creada con el florecimiento humano en mente, un lugar donde el hombre podría vivir en la presencia de Dios, cumpliendo con el mandato creacional, y adorando al Creador con alegría y amor.

Caída

Nuestros primeros padres, Adán y Eva, quienes debían ser los profetas, sacerdotes y reyes (y reinas) designados de Dios, rechazaron el gobierno de Dios a favor de su propia autonomía radical, entendida como (i) independencia completa de Dios, y (ii) ser una ley para sí mismo. Nos referimos a este acto rebelde como "la caída", porque, como representantes principales de la raza humana, el pecado de Adán y Eva también nos afecta. El pecado ha causado un revés radical en la humanidad; mientras que antes fuimos creados originalmente rectos, con verdadero conocimiento y en intima comunión con el Dios vivo, el pecado ha devastado nuestro ser, manchado nuestras mentes e imagen, y perturbado nuestra comunión con lo divino reorientando la dirección de nuestra adoración hacia la de la creación, resultando inevitablemente en nuestra total depravación, desorganización y descomposición.

Redención

En respuesta a nuestro pecado, el Dios Creador, quien es perfectamente justo y por lo tanto decididamente airado contra el pecado, está igualmente determinado a convertir el mal y el sufrimiento que hemos causado en bien para Su gloria última. La gran narrativa de la Escritura, desde Génesis hasta Apocalipsis, revela el plan de Dios para redimir Su creación y rescatar a los pecadores de su condición caída y juicio inminente. A través de la vida, muerte y resurrección de Jesucristo, el mismo Dios ha venido a renovar el mundo y restaurar a Su pueblo. Esta obra de renovación puede entenderse mejor como re-creación, comenzando con el corazón humano y luego extendiéndose a cada aspecto de la creación, hasta que llegue el día en que la promesa de Dios de renovar todas las cosas se cumpla perfectamente, con Cristo regresando para juzgar el pecado y el mal de una vez por todas y para instaurar una justicia y paz (*Shalom*) perfectas para toda la eternidad.

Este es el evangelio, *todo* el evangelio.

Índice de Escrituras

Antiguo Testamento

Génesis

1	25, 27
1:1	11
1:4	12
1:10	12
1:18	12
1:21	12
1:25	12
1:26	12, 14, 16
1:26-31	12
1:28	14, 22, 39, 83
2	25, 27
2:9	26
2:15	22, 39
2:16	26
2:16-17	25

EL EVANGELIO

2:17	26
2:18-20	39
2:18-25	21
3	20, 27, 28, 58
3:4	28
3:8	21
3:12	37
3:15	37, 38, 59, 66
3:16	37
3:17-19	41
3:21	65
3:22	26
4:1-15	59
4:6	46
4:8	38
4:16-24	60
4:25	59
4:26	60
6:1	60
6:1-5	46
6:2	61

6:3	61
6:8	61
6:8-10	61
11:10-32	61
12:2-3	63
12:10-20	62
15:5	62
17:8	62
26:6-35	63
26:33	63

Éxodo

1:1	62
32:30-34	69
34:7	36

Deuteronomio

9:7	30

1 Samuel

16:1-13	31

EL EVANGELIO

2 Samuel

7:12-13	64
11:12	31

1 Crónicas

17:11-14   64

2 Crónicas

6:16   64

Nehemías

9:6   11

Salmos

8:3-6	19
34:8	12
51	31
51:4	31
51:5	31, 35, 58
51:11	31
51:15	31

72	91
145:9	12

ECLESIASTÉS

1:2	45
1:2-11	44, 45
1:9	48
3:11	53

ISAÍAS

2	91
52:7	93
59:2	33

EZEQUIEL

37	71
37:1-14	73

NUEVO TESTAMENTO

MATEO

2:11	85

EL EVANGELIO

4:17	94
4:23	7
6:38	92
7:15-20	67
8:11	63, 81
10:27	94
13:31-33	91
22:37	22
22:39	21
24:14	91
24:27	91
24:44	91
25:31-46	54
27:51	78
28:18-20	63, 86

Lucas

2:10-12	67
4:18-21	70
23:43	78

Juan

1:29	69
2:19	70
3:16	67
8:34-36	70
14:16-17	68
15:13	82

Hechos de los Apóstoles

2:27	54
2:47	81
3:19	94
4:12	90
13:22	31
15:7	8
17:30	94

Romanos

1:21-23	49
5:10	57, 76
5:12	36

5:12-21	58
5:13	35
6:4	75, 91
6:23	69
8:7	34, 76
8:7-21	76
8:16-17	92
8:20	53
10:9	94
11:11-24	63
11:11-31	81

1 Corintios

2:14	47
10:31	89
13:4-7	80
15:12-20	71
15:20-28	89
15:20-58	84
15:24-28	90
15:28	90

ÍNDICE DE ESCRITURAS

15:45   68

2 CORINTIOS

5:17   91

GÁLATAS

1:1   70
3:13   73
3:29   92
4:4-5   75
5:22-23   16

EFESIOS

2:5   68
4:22-24   91

COLOSENSES

2:12   75
3:23   89

1 Tesalonicenses
4:14:15   91

Hebreos
9:28   91

Santiago
1:17   12

1 Pedro
1:4   92
1:10   94
2:22-24   69
3:18   70

2 Pedro
3:3-7   54
3:4-13   91
3:9   65
3:13   92

1 Juan

3:4	30
3:10	75

Apocalipsis

1:7	91
2:7	26
12:12	84
21-22	79, 91
21:1	92
22:2	26
22:14	26

SOBRE EL AUTOR

STEVEN R. MARTINS es el director fundador del Cántaro Institute y pastor fundador de Sevilla Chapel en St. Catharines, ON. Ha trabajado en los campos de la apologética misional y el liderazgo eclesiástico durante más de diez años y ha hablado en numerosas conferencias, iglesias y eventos para estudiantes universitarios. También ha contribuido con artículos para la Coalición por el Evangelio (TGC en español) y a la revista Siglo XXI de Editorial CLIR. Steven posee una Maestría *summa cum laude* en Estudios Teológicos con enfoque en apologética cristiana de la Universidad Internacional Veritas (Santa Ana, CA., EE. UU.) y una Licenciatura en Gestión de Recursos Humanos de la Universidad de York (Toronto, ON., Canadá). Steven está casado con Cindy y viven en Lincoln, Ontario, con sus hijos Matthias, Timothy y Nehemías.

SOBRE EL CÁNTARO INSTITUTE
Heredar, Informar, Inspirar

El Cántaro Institute es una organización evangélica reformada comprometida con el avance de la cosmovisión cristiana para la reforma y renovación de la iglesia y la cultura.

Creemos que a medida que la iglesia cristiana regresa al manantial de las Escrituras como su autoridad máxima para todo conocimiento y vida, y aplica sabiamente la verdad de Dios a cada aspecto de la vida, su actividad misiológica resultará no solo en la renovación de la persona humana, sino también en la reforma de la cultura, un resultado inevitable cuando el verdadero alcance y naturaleza del evangelio se dan a conocer y se aplican.

Milton Keynes UK
Ingram Content Group UK Ltd.
UKHW012230180624
444315UK00004B/257

9 781990 771644